A GRANDEZA DE DEUS

Eloá Domingues Braga

2018
PORTO ALEGRE

© by Eloá Domingues Braga

Direitos autorais reservados.

Arquivo digitado e corrigido pela autora, com revisão final da mesma, autorizando a impressão da obra.

Capa: Editora Alcance, com fotos oferecidas pela autora, igualmente artista plástica.
Capa e Editoração eletrônica: Willian Castro
Editor: Rossyr Berny

Dados Internacionais de Catalogação na Publicação (CIP)
Bibliotecária responsável: Aline Graziele Benitez CRB1/3129

B793g Braga, Eloá Domingues
1.ed. A grandeza de Deus / Eloá Domingues Braga. – 1.ed. – Porto Alegre: Alcance, 2018.
64 p.;

1. Deus. 2. Fé. 3. Biblía. 4. Versiculos biblicos. 5. Jesus Cristo. 6. Prática religiosa. I. Título.

CDD 212

ISBN: 978-85-9537-027-2

AGRADECIMENTOS

*Agradeço a Deus por me conceder mais esta oportunidade na elaboração de meus novos livros: **A grandeza de Deus** e **A arte como processo para inovar a Educação**.*

Ao poeta e editor Rossyr Berny pela dedicação criteriosa para a publicação das novas obras.

DEDICATÓRIA

Dedico esta produção literária para meus irmãos e demais familiares; bem como às pessoas amigas.

Prefácio

A Grandeza de Deus

Escrever sobre a grandeza divina é magistralmente importante e vital, pois quanto mais tratarmos deste tema mais avançando estaremos em direção à fé, à ética, tangendo, assim, os ensinamentos cristãos. E mais: ingressando na casa de Deus, onde as portas estão sempre abertas aos que também abrem portas aos seus semelhantes pelo exemplo, ensinamento e respeito às normas humanas e divinas. Enfim, reconhecer a grandeza de Deus é buscarmos abrigo e apoio do Senhor a que nos dê guarida, amparo e luz para que possamos aprender as lições ensinadas por Ele e por seu filho, Jesus.

Daí a importância deste novo livro da professora, artista plástica, poeta e escritora Eloá Domingues Braga – inclusive em edição bilíngue Português/Espanhol, descendente de espanhóis que é – pois tal obra merece ser conhecida e reconhecida pelo número maior possível de pessoas interessadas em reconhecer que a grandeza Deus: quanto mais fizer parte de nossas vidas, melhores vidas viveremos.

Dessa maneira, como bem esclarece a autora na apresentação da obra: *"Deus na sua infinita bondade e amor, nos possibilita ultrapassarmos e vencermos os obstáculos, as tempestades, os infortúnios da vida."*

Eloá Domingues Braga, com seus predicados poéticos, igualmente em versos esparge brilho nas páginas deste livro, iguais as manhãs de sol sobre os trigais, como neste belo poema:

O Poder do Altíssimo

Oh! Senhor
Quão grande é o Seu poder...
Criastes o sol e as Estrelas.
O firmamento
É obra de suas mãos.
Bendito e louvado
O seu santo nome.
Glorificado e Exaltado
Engrandecido seja o Senhor.
Oh! Rei do reis
Que veio em nome
Do Altíssimo,
De glória em glória,
Fostes coroado.
Para ti, foi criado
Tudo o que existe.
Revelado por Deus,
Antes da fundação do mundo.
Para sua Honra e Glória!
Foi construída
A monumental obra da Criação.

Por fim, delicie-se em estado de oração na leitura de **A grandeza de Deus**. E mais ainda com A Arte como processo para inovar a Educação – ela que já publicara com sucesso, em 2003, seu lindo livro O mundo em ebulição.

Bom proveito!

Rossyr Berny - *Editor, poeta e escritor*

SUMÁRIO

Capítulo I
A grandeza de Deus.................................. 17

Capítulo II
O poder do Altíssimo 25

Capítulo III
A verdade incontestável......................... 31

Capítulo IV
A lei de Deus 37

Capítulo V
A graça de Deus.. 43

Capítulo VI
Liberdade . Palavra mágica 47

Capítulo VII
O amor infinito de Deus 51

Capítulo VIII
Final dos tempos...................................... 55

Capítulo IX
Jesus está voltando.................................. 57

APRESENTAÇÃO

Vivemos momentos de transformações em quase todos os aspectos, seja no campo do conhecimento científico e tecnológico, das mudanças do clima e da ecologia; das relações humanas e, especialmente, da informática nas suas múltiplas facetas revolucionárias.

Neste início de século/milênio, assistimos a uma complexa parafernália de implicações de toda ordem/desordem, ao mesmo tempo um despertar para novas possibilidades em vários aspectos da vida. Torna-se necessário e urgente uma busca, uma tomada de consciência em nossas atitudes e ações para uma transformação significativa em nossos pensamentos, percepção e valores.

Percebe-se que há uma perspectiva de superação dos velhos padrões de valores por novas concepções de vida que resgatem os verdadeiros valores universais.

Nos horizontes ampliados da consciência surge uma nova luz, o desejo de libertar o gênero humano que se encontra submerso no abismo, sem entender o verdadeiro sentido da existência humana.

Muitas vezes, o homem contido no seu pequeno universo, nas suas limitações, preocupado com o Ter, esquece do Ser, esquece de viver, de sentir a vida, de perceber que existe como pessoa, como ser humano criado por Deus.

Neste enfoque, Deus na sua infinita bondade e amor, nos possibilita ultrapassarmos e vencermos os obstáculos, as tempestades, os infortúnios da vida.

Todavia, precisamos fazer a sua vontade, sermos fieis a Ele em tudo, para que possamos merecer tão grande amor; merecer suas promessas naquilo que lhe pedimos e almejamos. Mas para que as bênçãos de Deus em nossa vida sejam profundas e duradouras, devem estar fundamentadas nos princípios transcendentais de amor a Deus e o próximo.

Na sua grandiosa sabedoria, nos oportuniza compreendermos o quão grande é o seu amor por nós. Sacrificou seu filho unigênito para nos salvar. "Aquele que não poupou o seu próprio filho, antes por todos nós o entregou, por ventura, não nos dará juntamente com Ele todas as coisas? (Romanos 8:3).

Nosso Senhor e Salvador Jesus Cristo, está sempre presente para nos ouvir e nos orientar naquilo que lhe pedirmos. Ele é o nosso intercessor com Deus. Pela sua graça somos salvos. Sua misericórdia nos concede o perdão e sua lei nos conscientiza do pecado. "A graça consiste na misericórdia e no perdão" (Efésios 2:8-9).

O sacrifício de Jesus Cristo na Cruz do Calvário foi o meio de salvação da humanidade. Ele sofreu intensamente, superou tudo por amor a nós. Entretanto, o sofrimento dele foi para a sua glória.

A missão de Jesus Cristo aqui na terra foi bem sucedida e perfeita. Quando seu sacrifício foi consumado, Jesus exclamou: "Pai, nas tuas mãos entrego meu espírito". (Lucas 23:46). Naquele momento final se cumpriram as palavras que João Batista havia dito sobre Jesus. "Eis o Cordeiro de Deus, que tira o pecado do mundo!" (João Batista 1:29).

O Senhor Jesus é a nossa fonte inesgotável de amor, luz e paz. É fundamental dedicarmos ao nosso Mestre Jesus toda lealdade, reverência e muito amor. Ele é a essência do verdadeiro amor. A essência é invisível e transcendente.

CAPÍTULO I

A GRANDEZA DE DEUS

"Que diremos, pois, à vista destas coisas?
Se Deus é por nós, quem será contra nós?"
(Romanos 8. 31).

Nos deparamos a cada momento de nosso dia a dia, com os mais diversos aspectos da realidade existencial.

A grandeza de Deus se manifesta em cada partícula de vida: no desabrochar de uma flor, no despertar dos primeiros raios de sol numa manhã primaveril, no canto de um pássaro, no cintilar das estrelas, nas ondas do mar, nas cores de um arco-íris...

Do átomo à imensidão do oceano, o poder de Deus está presente na sua infinita criação. "Porque ele perscruta até as extremidades da Terra, vê tudo o que há debaixo dos céus." (Jó 28: 24).

Aliás, tudo o que existe na natureza expressa ordem, exatidão, beleza: como as flores, os oceanos, as florestas, as estrelas, entre outros fenômenos naturais, justificando a perfeição do Criador.

Todavia, o ser humano participa desses fenômenos e, muitas vezes, não percebe essas maravilhas criadas pelo Altíssimo – o Grande arquiteto do universo.

Impregnado no seu pequeno universo, nas suas limitações, preocupado com o Ter, esquece do Ser; não percebe as belezas da criação Divina. Se omite sobre o verdadeiro sentido da vida – a oportunidade da existência.

Não compreende que, ao seu redor existe um mundo mágico de beleza e perfeição, onde nada por si, só, existe, mas por uma razão muito especial e providencial – é a manifestação de Deus que tudo sabe, tudo vê, tudo pode...

No entanto, o homem, talvez, por falta de esperança e, ou por falta entender os desígnios de Deus, não enxerga além da realidade visível. Neste sentido, pela sua imprudência, agride, sufoca, destrói as maravilhas que o Senhor Jesus criou aqui na Terra para honra e glória do seu nome. "Bendito o homem que confia no SENHOR e cuja esperança é o Senhor" (Jeremias 17:7).

Como está escrito na Bíblia Sagrada, que Deus nos escolheu Nele, Jesus Cristo, antes da fundação do mundo, para O glorificarmos. "... a fim de sermos para o louvor da sua glória, nós, os que de antemão esperamos em Cristo." (Efésios 1:12)

Todavia, no emaranhado em que o homem se encontra, compelido pelas contingências do mundo material, parece que vive num labirinto, perde a noção do seu próprio ser como pessoa, dotada de razão e sentimento.

Subsiste, mas parece não entender o porquê de tantos problemas: violência, guerra, fome, destruição da natureza, entre outros fenômenos. Possivelmente, todo esse caos, esteja na falta de compreensão de si mesmo e, de entender a Palavra de Deus.

No entanto, quando a pessoa encontra-se consigo mesma, ela encontra-se com a vida, com outro, com o mundo – ela encontra a presença de Deus, e resgata seu motivo de ser, de agir, de conquistar sua liberdade interior, a sua identidade.

A maioria das pessoas no curso de suas vidas, vivem presas por contingentes e pensamentos que lhes inibem de realizar seus propósitos, seus ideais. Muitas vezes, talvez, se preocupem com o que o seu semelhante possa pensar a seu respeito, ao invés de direcionar seu pensamento para a realização dos seus objetivos, buscando a ajuda de Deus, é obvio. Todavia, não buscam auxílio, e ficam a mercê de seus devaneios.

Como se sabe, a vida é tomada por imprevistos e desafios – são esses atributos que nos mostram os caminhos; são eles que nos levam às conquistas e, ou, ao fracasso, vai depender de nossas atitudes, de nossas decisões e, de nossa sensibilidade e percepção, para entendermos por onde devemos começar, e seguirmos em frente sem vacilar, confiante no poder do Altíssimo.

Quando encontramos nossos propósitos, aquilo que nos torna capaz de vencermos e atingirmos nossas metas, nossos objetivos e, nos sentirmos deveras realizados naquilo que almejamos – com certeza Deus nos outorgou essa benção. Portanto, quando nos colocamos verdadeiramente na presença e na dependência de Deus, estamos em porto seguro – nada nos atinge. Deus é tudo na nossa vida: nossa força, nosso escudo, nossa fortaleza.

O termo "Deus" é a expressão mais significativa, é o mais profundo sentido de tudo que se possa imaginar. Ele é poderoso, majestoso – é indescritível.

O amor de Deus é grande e incondicional. A sua glória transcende tudo o que há de mais belo, edificante e magnífico. A sua grandiosidade é inexplicável, é maior que todas as galáxias, todos os sistemas criados por Ele, neste infinito universo que se expande cada vez mais, segundo os critérios da Ciência. Ele é insondável em seu poder e em seus desígnios, mostrando quão pequenos somos, ante a sua grandeza.

Deus na sua infinita sabedoria, misericórdia e amor, nos proporciona galgarmos caminhos ascendentes e promissores, desde que sejamos merecedores.

Todavia, não importa o tamanho do problema. O poder de Deus é trilhões de vezes maior – é infinitamente grandioso, diante de tudo que se possa imaginar.

Portanto, não se aflija o teu coração. Confia em Deus e o demais, ele fará.

Precisamos desenvolver e praticar uma fé vivenciada, que nos possibilite um encontro verdadeiro com o nosso Senhor Jesus Cristo – o Pai da Fé. Que sua bondade infinita nos conceda as qualidades necessários para que possamos buscar a salvação da alma, que é o mais importante na vida de uma pessoa; bem como cultivar o amor incondicional, a lealdade, o perdão, entre outros atributos concernentes ao ser humano. É o mínimo que devemos fazer na nossa caminhada espiritual.

Acreditamos que, quando as vitórias do bem e do amor triunfarem sobre o mal, não haverá mais decepções, nem dor, nem tentações para os que acreditam e confiam no Senhor. "(...) não se fará mal nem dano algum em todo meu santo Monte, porque a Terra se encherá do conhecimento do Senhor, como as águas cobrem o mar". (Isaias 11:9).

Os padrões morais e os valores tradicionais estão se deteriorando. A TV mostra os maiores absurdos. Determinadas mulheres perderam a noção de respeito ao seu próprio corpo. É vergonhoso e decadente a maneira como exibem o corpo quase nu, com a maior naturalidade. E no amanhã, como serão esses padrões de "valores" para as futuras gerações?

No Apocalipse, a mensagem final de Deus para toda a humanidade nos chama à moralidade, isto é, voltarmos para os padrões de Deus. Está claro no Evangelho. "Então vi outro anjo, que voava pelo céu e tinha na mão o evangelho eterno para proclamar aos que habitam sobre a Terra, e a cada nação, e tribo, e língua, e povo, dizendo em grande voz: Temei a Deus e dai-lhe glória. Pois é chegada a hora do seu juízo; e adorai aquele que fez o céu, e a Terra, e o mar, e as fontes das águas" (Apocalipse 14:6").

É preciso, temer e glorificar a Deus, respeitando e seguindo a sua Lei. A Lei de Deus é a base da moralidade, é o padrão moral, divino e eterno para o julgamento final. "Todo aquele que pratica o pecado transgride a Lei; de fato, o pecado é a transgressão da Lei." (1 João 3:4).

Possivelmente, todo esse caos humano que está acontecendo esteja na falta de compreensão de si mesmo e de entender a Palavra de Deus.

Portanto, a lei de Deus é o caminho para a felicidade, que todo cristão deveria seguir incondicionalmente e temer a Deus. Aliás, temer a Deus não quer dizer ter medo de Deus e, sim, ter reverência, respeito e obediência a Ele.

O Senhor Jesus é o nosso melhor amigo. Ele tem a incomparável capacidade de compreender a cada um de nós. Assumiu a natureza humana para se identificar com nossas necessidades. Ele disse: "Eu sou a luz do mundo, quem me segue não andarás nas trevas, pelo contrário, terá a luz da vida". (João 8:12).

Com sua grande sabedoria, Jesus Cristo proclamou sua máxima preleção, a expressão: "Eu Sou" para referir-se a si mesmo. Disse: "Eu sou o pão da vida." (João 6:35): "Eu sou a porta." (João 10: 7,9); "Eu sou o bom pastor." (João 10:11,14); "Eu sou a ressurreição e a vida." (João 11:25); "Eu sou a videira, vós, os ramos." (João 15:5).

Nesta ótica, é fundamental que mantenhamos nossa mente, nossos pensamentos em atitude positiva. Somos o que pensamos. Nossos pensamentos têm poder. O que pensamos se materializa em nossa vida. Todavia, não podemos esquecer que o segredo da vitória é ação, persistência e esforço sobretudo o que almejamos conquistar. "O reino dos céus é tomado por esforço." (Mateus 11:12).

Para que possamos merecer as bênçãos Divinas, temos que abandonar o velho mundo das coisas materiais, mundanas que não agradam a Deus, e navegarmos em horizontes espirituais, que nos proporcionem fazermos a vontade do Senhor. Na Bíblia está escrito "Agrada-te do Senhor e Ele satisfará os desejos do teu coração". (Salmo 37:4).

Seu amor é infinito e eterno, cheio de bondade e compaixão; paciente, suporta e espera – está sempre disponível para nos ouvir; sua misericórdia não tem limite. Ele nos ama incondicionalmente, seu amor é eterno "Com amor eterno Eu te amei; por isso, com benignidade te atraí". (Jeremias 31:3).

Devemos a Ele toda gratidão e muito amor, por nos conceder o entendimento de como devemos proceder para com o nosso irmão e com nossos compromissos nesta jornada da vida.

Precisamos desenvolver nossa sensibilidade para percebermos os valores do outro, gerando um convívio mais solidário, harmonioso e compartilhado, respeitando a diferença – são aliados imprescindíveis para a significação da cidadania planetária.

Aliás, precisamos ultrapassar nossas limitações e abrir novos caminhos para um relacionamento mais condizente com nosso semelhante, para que possamos merecer o amor de Deus. Certamente Ele quer que sejamos felizes, alegres, satisfeitos, mas para que essa satisfação seja profunda e duradoura, devem estar fundamentadas nos princípios transcendentais do seu amor. Pois, somente Deus é eterno, soberanamente bom e justo.

Seu primogênito filho, Jesus Cristo, através da Bíblia nos orienta e nos mostra o caminho da redenção. Quiçá os que cumprem os princípios e orientações do Mestre, tenham esperança e convicção de resolver determinados problemas e antecipar dias melhores. Cristo disse: "Eu sou o caminho, e a verdade, e a vida: ninguém vem ao Pai senão por mim". (João 14:6).

Nosso Senhor e Salvador, Jesus Cristo, nos redimiu do pecado, nos salvou e nos deu amor incondicional. "Aquele que nos ama e nos liberta dos nossos pecados por meio do seu sangue, nos constituiu reino e sacerdotes para servir seu Deus e Pai. A Ele sejam glória e poder para todo o sempre". (Apocalipse 1:5,6).

CAPÍTULO II

O PODER DO ALTÍSSIMO

O poder de Deus se revela em tudo que Ele criou. Sua bondade nos oportuniza conhecermos um pouco de sua insondável criação. "Quão insondável são os seus juízos e inescrutáveis os seus caminhos." (Romanos 11:33).

Sem dúvida, Deus, somente Deus é eterno, infinito, imutável, onipotente, onisciente, soberanamente benevolente. Ele nos ama com amor eterno, nos dá paz de espírito e, nos perdoa das nossas transgressões, dos nossos pecados.

Ao seu primogênito filho, Jesus Cristo, com seu amor inefável, sublime, infinito e eterno, o Deus Altíssimo lhes outorgou, poder e sabedoria – são centelhas do seu Divino amor que brilham para a sua glória e manifesta o poder sobrenatural do grande Deus.

Percebe-se que a potência de Deus é um mistério – é inescrutável, não pode ser percebido. O grandioso saber e poder do Altíssimo, criou tudo o que existe nos céus, na terra – neste imenso universo, como expressa o poema a seguir:

O Poder do Altíssimo

Oh! Senhor
Quão grande é o Seu poder...
Criastes o sol e as Estrelas.
O firmamento
é obra de suas mãos.
Bendito e louvado
O seu santo nome.
Glorificado
Exaltado
Engrandecido seja o Senhor.
Oh! Rei do reis
Que veio em nome
Do Altíssimo,
De glória em glória,
Fostes coroado.
Para ti, foi criado
Tudo o que existe.
Revelado por Deus,
Antes da fundação do mundo.
Para sua Honra e Glória!
Foi construída
A monumental obra da Criação.

Esta realidade sobre o poder do Criador, são sinais que nos despertam e nos conduzem a refletir, meditar e buscar o entendimento da complexidade do saber do Grande Deus que criou tudo o que existe com amor e infinita sabedoria.

Ainda que as estrelas caíssem do firmamento e a luz se apagasse, o fogo de Deus continuaria com seu brilho incandescente de fulgor e mestria.

É preciso compreender a grandeza de Deus, das suas maravilhas, da plenitude do seu grande amor e de sua bondade para com todos que Nele confiam.

A coisa mais bela da vida e edificante, é sentir profundamente a essência de tudo o que nos eleva espiritualmente e nos torna mais consciente sobre nossa incumbência, de entender nosso semelhante e, ajudá-lo na medida do possível.

Cada ser humano é uma potência em desenvolvimento, tanto no plano físico como no espiritual. Todavia, devemos usar a inteligência que Deus nos concedeu e desenvolvermos tudo o que é bom e correto, que estiver inato no nosso interior.

No entanto, em cada instante de nosso viver, precisamos descobrir o lado mais bonito e benéfico de tudo o que nos rodeia – até nos mais escuros e perplexos, devemos ver e procurar compreender quão grande é a sabedoria do Criador, nos proporcionando crescimento espiritual através dos ensinamentos que nos concedeu.

Deus é amor e seu amor é grande e incondicional. É inefável. Dele recebemos alento em momentos difíceis. Ele não nos abandona. Todavia, nos encoraja a seguirmos o caminho certo. "Não to mandei eu? Sê forte e corajoso, não temas, nem te espantes, porque o

Senhor, teu Deus, é contigo por onde quer que andares." (Josué 1.9).

Como sabemos, o amor é o mais nobre sentimento humano – é a manifestação mais sublime que emana, que flui da Energia Divina.

O amor de Deus pela humanidade é tão grande que sacrificou seu primogênito filho, o Senhor Jesus, para nos salvar." Deus amou ao mundo de tal maneira que deu seu filho unigênito para que todos que nele crê não pereça, mas tenha vida eterna." (João 3:16).

Contudo, nosso compromisso e nossa lealdade para com os ensinamentos de Deus e nossa fé, deve ser inabalável, para que possamos merecer tão grande amor "...a fim de poderdes compreender, com todos os santos, qual é a largura, e o comprimento, e a altura, e a profundidade e conhecer o amor de Cristo, que excede todo entendimento para que sejais tomados de toda plenitude de Deus." (Efésios 3.18-19).

Devemos amar o nosso Senhor Jesus, acima de tudo e de todos. Ele morreu por amor a nós, merece toda nossa gratidão e o mais profundo amor "Ninguém tem maior amor do que este: Dar alguém a própria vida em favor dos seus amigos." (João 15:13).

Por amor a nós, assumiu a condição humana, para se colocar em nosso lugar, Ele é o nosso redentor e salvador; nosso único intercessor com Deus. Ele é o nosso Pastor. Ele afirmou: "Eu sou o bom pastor: O bom pastor dá a vida pelas ovelhas." (João 10:11)

Jesus Cristo é o nosso melhor amigo, ele nos compreende e nos perdoa, dando-nos oportunidade e novas perspectivas de vida. Ele se comunica com aqueles que o buscam, onde quer que estejam: seja no trabalho, na Igreja ou em qualquer lugar. Ele está sempre presente para nos ouvir e nos orientar.

Na Bíblia está escrito: "Se alguém está em Cristo, é nova criatura: as coisas antigas já passaram: eis que se fizeram novas." (2. Coríntios:5-17).

Ele é maravilhoso e misericordioso, foi e sempre será nossa maior esperança. As palavras do Senhor Jesus foram impactantes e reveladoras, o que lhe pedirmos mediante uma oração simples e silenciosa, ele nos dará resposta, nos fará feliz e nos possibilitará plenitude espiritual. As necessidades da alma podem ser atendidas pelo nosso Mestre Jesus através da oração que é o oxigênio da vida espiritual.

Jesus Cristo nos ensinou maravilhas através de orações, o Pai Nosso, oração modelo para todos os tempos. Nos ensinou, também, a chamar Deus de Pai, nos permitindo senti-lo mais próximo de seu grande amor por nós. Ele teve na oração sua fonte de poder; o mesmo poderia acontecer em nossa vida, se cultivássemos o hábito de orar sempre, de viver em sintonia com o Senhor. A oração nos fortalece e nos livra das tentações da matéria, do mal que nos cerca. Também nos ensina a agradecer as bênçãos do Senhor e sentir gratidão.

O Senhor Jesus nos enche de paz, nos dá segurança. Ele é, e sempre será, nossa maior esperança. Ele nos concede o que lhe pedirmos, desde que sejamos merecedores de suas promessas. Ele é a nossa fonte inesgotável de amor e luz. Ao nosso Grande e Poderoso Senhor, seja dada toda honra, toda glória, toda exaltação e todo louvor.

Segundo as Escrituras Sagradas, o Senhor Jesus ensinava seus discípulos com palavras sábias e convincentes. Falava com autoridade, certeza e convicção.

CAPÍTULO III

A VERDADE INCONTESTÁVEL

Como o próprio título afirma, A Verdade Incontestável. Portanto, não podemos negligenciar a verdade expressa na Bíblia sobre o dia de adoração ao Senhor Jesus, que é sábado.

Entretanto, é fundamental dedicarmos ao nosso Mestre Jesus, reverência, lealdade e muito amor – é o mínimo que todo cristão deve consagrar Àquele que nos perdoou e nos livrou do mal, do sofrimento.

O amor insuperável de Jesus nos fortalece, nos compreende, nos redime e nos dá força para vencermos nos caminhos da vida.

É preciso que todos que acreditam em Jesus Cristo, como único Senhor e Salvador, tenham o esclarecimento necessário sobre a verdade contida na Bíblia, a respeito do dia consagrado a Ele, que é sábado. Portanto, não se deve concordar que mudem o dia do Senhor, seja por questões religiosas ou interesses adversos.

Todavia, ainda existe falta de entendimento pela comunidade cristã, com exceção de algumas denominações evangélicas, a respeito do dia da semana consagrado à adoração ao nosso Mestre Jesus.

Na Bíblia está bem claro, que o dia de adoração ao Senhor Jesus, é o sábado, e não o domingo: Do princípio, ou seja, do 1º livro do Antigo Testamento – a Gênese, ao último livro do Novo Testamento, no Apocalipse, são registradas inúmeras referências sobre essa grande verdade. Eis algumas referências: "E havendo Deus terminado no dia sétimo a sua obra, que fizera, descansou nesse dia de toda a sua obra que tinha feito." (Gênese 2:2) E abençoou Deus o dia sétimo e o santificou; porque nele descansou de toda obra que, como Criador, fizera" (Gênese 2:2-3). Em Êxodo 20:8, 9, 10 diz: "Lembra-te do dia de sábado, para o santificar. Seis dias trabalharás e farás toda a tua obra. Mas o sétimo dia é o sábado do Senhor, teu Deus,..." "Também lhes dei os meus sábados, para servirem de sinal entre mim e eles, para que soubessem que eu sou o Senhor que os santifica." (Ezequiel 20:12). "... E acrescentou: O sábado foi estabelecido por causa do homem, e não o homem por causa do sábado; de sorte que o Filho do Homem é Senhor também do sábado." (Marcos 2:27-28). Assim diz o Senhor: "Guardai-vos por amor da vossa alma, não carregueis carga no dia de sábado, nem as introduzais pelas portas de Jerusalém." (Jeremias 17:21). "No dia do Senhor achei-me no espírito". Qual é o dia do Senhor? Existe alguma diferença entre o "dia do Senhor" e o sábado Bíblico? (Apocalipse 1:10).

Está claro no Novo Testamento que os apóstolos adoravam Jesus Cristo no sábado. "Ao saírem eles, rogaram-lhes que, no sábado seguinte, lhes falassem estas mesmas palavras. No sábado seguinte, afluiu quase toda a cidade para ouvir a palavra de Deus." (Atos dos Apóstolos 13: 42-44).

No Apocalipse, o livro da revelação de Jesus para toda humanidade, Ele preconiza sobre a perseverança que devemos ter para com os mandamentos da Lei de Deus, como prova de fidelidade. "Aqui está a perseverança dos santos, os que guardam os mandamentos de Deus e a fé em Jesus." (Apocalipse 14:12).

No Novo Testamento, está escrito: Jesus Cristo é o Messias prometido e o Salvador do mundo. "Não há salvação em nenhum outro." (Atos 4.12). Ele é o ungido de Deus que veio para nos salvar. "Deus ungiu a Jesus de Nazaré com o espírito Santo e com poder, o qual andou por toda parte, fazendo o bem e curando a todos os oprimidos..."(Atos 10:38).

Nas Sagradas Escrituras está escrito que o Senhor Jesus fez mais milagres de cura no sábado do que em qualquer outro dia da semana: "Ora, ensinava Jesus no sábado numa das sinagogas. E veio ali uma mulher possessa de um espírito de enfermidade, havia já dezoito anos, andava ela encurvada, sem de modo algum poder endireitar-se. Vendo-a Jesus, chamou e disse: Mulher, estás livre da sua enfermidade; e impondo-lhes as mãos, ela imediatamente se endireitou e dava glória a Deus". (Lucas:10-13).

A santificação do sábado. "Assim diz o Senhor: Guardai-vos por amor da vossa alma, não carregueis cargas no dia de sábado, nem as introduzais pelas portas de Jerusalém; não tireis cargas de vossa casa no dia de sábado, nem façais obra alguma; antes santificai o dia de sábado, como ordenei a vossos pais." (Jeremias 17:21-22).

Portanto, é necessário e primordial obedecermos os preceitos divinos expressos na Lei de Deus para nossa salvação.

Contudo, sabe-se, através da História da Humanidade, que a mudança do sétimo dia da semana – o sábado para o primeiro dia da semana – o domingo, ocorreu de forma gradual, durante um longo período de tempo, por uma série de fatores sociais e religiosos.

Está explícito na História da Civilização Mundial que a Igreja Romana e o Imperador Romano, naquela época, Constantino, se uniram. Constantino desejava unificar seu império que estava dividido e a Igreja Romana queria converter os pagãos. O dia de domingo se tornou o dia ideal para realizar ambas as coisas.

Os pagãos consagravam o domingo, porque era o dia que eles adoravam o sol. O sol era o deus mais importante para os pagãos. Constantino influenciou, em grande parte, a inclusão dos dogmas na Igreja Cristã, baseada em tradições. Uma das mais conhecidas foi chamado de Édipo de Constantino, que determinou oficialmente o domingo como dia de repouso. Ele adorava o sol. O sol era o deus dele; ele chamava o dia de domingo de Venerável dia do Sol.

A adoração ao sol era comum na Babilônia, na Pérsia, no Egito e em Roma.

No ano de 321 d.C., o Imperador Constantino promulgou um decreto, mudando o dia de sábado que era o dia que os cristãos adoravam a Deus, para domingo. O decreto ordenava que os juízes e o povo das cidades, bem como os comerciantes, repousassem no Venerável dia do Sol; que os estabelecimentos comerciais deveriam ser fechados no dia de domingo. Portanto, o sábado bíblico foi mudado pela igreja romana e pelo estado romano.

Os ensinamentos babilônios de adoração ao sol foram passados de uma religião pagã a outra, e se infiltrou na Igreja Cristã, não por um mandamento de Deus, mas por uma tentativa de conciliação com o paganismo.

Como se sabe, a Babilônia era o berço do pecado, das práticas mundanas de prostituição, de adoração a ídolos. "(...) a grande Babilônia se tornou morada de demônios, covil de toda espécie de espíritos imundos e esconderijo de todo gênero de ave imunda e detestável, pois todas as nações têm bebido do vinho do furor da sua prostituição. Com ela se prostituíram os reis da Terra". (Apocalipse 18:2,3).

Neste enfoque, vivemos esse caos de perversidade, de degradação moral. A imoralidade tomou conta dos procedimentos corretos. Os padrões morais específicos para guiar a vida humana, deixou de existir. No entanto, a Lei de Deus é a base da moralidade, é o padrão para o julgamento no juízo final. "Todo aquele que prática o pecado transgride a Lei." (1 João 3:4).

Posteriormente o Imperador Constantino se converteu ao Cristianismo, transferiu a capital do Império para Bizâncio e a chamou de Constantinopla. Hoje é a atual Istambul. E mandou construir várias igrejas. Esse complexo sagrado, recebeu o nome de Nova Jerusalém.

CAPÍTULO IV

A LEI DE DEUS

Sabe-se, segundo a Bíblia Sagrada, no evangelho de João, que a Lei de Deus é a base para o julgamento no juízo final, que é o padrão moral, divino e eterno. "Todo aquele que pratica o pecado transgride a lei. De fato, o pecado é a transgressão da lei." (1 João:3-4).

A Lei de Deus nos mostra sobre o que é certo e o que é errado, sobre o que devemos ou não devemos fazer. Ela estabelece os verdadeiros valores e, os princípios universais para a sociedade. "É mediante a lei que nos tornamos plenamente conscientes do pecado." (Romanos 3:20). Em Mateus diz: "Não pensem que vim abolir a Lei ou os Profetas; não vim abolir, mas cumprir." (Mateus 5:17).

A Bíblia afirma que devemos obedecer os Mandamentos de Deus. "Se vocês Me amam, obedecerão os Meus mandamentos." (João 14:15).

A Lei dos Dez Mandamentos é a aliança que Deus fez com o povo de Israel. "Esta é a aliança que farei com a comunidade de Israel depois daqueles dias, declara o Senhor. Porei minhas leis em sua mente e as escrevereis em seu coração. Serei o seu Deus, e eles serão o Meu povo" (Hebreus 8:10).

É necessário salientar, também, que a aliança de Deus com a humanidade, se configura, também, através dos mistérios do arco-íris.

O arco-íris simboliza sinal de paz e alegria. A aliança de Deus com a humanidade: promessa de felicidade. Para enfatizar esse episódio, estabelecemos uma analogia entre a simbologia do arco-íris e a Pedagogia: Quando os professores têm o prazer de ensinar e os alunos, têm o prazer de aprender. Essa reciprocidade, se torna uma aliança – professor x aluno, como sinal de paz, de alegria e de felicidade.

Para ilustrar a simbologia do arco-íris, é importante descrever suas cores. As sete cores do arco-íris, no qual se distinguem as cores através do espectro solar, devido à refração da luz do sol, nas gotas de água da chuva, formando as cores. Pela ordem natural das cores: vermelho, alaranjado, amarelo, verde, azul, azul anil e violeta. As cores só existem por causa da luz, que lhes fornece os aditivos concernentes ao fenômeno das cores.

Aliás, percebe-se a manifestação de Deus em tudo o que existe neste imenso universo da sua criação, como o fenômeno do arco-íris.

É maravilhoso e empolgante apreciarmos as belezas que a Majestade Deus criou, como o arco-íris.

O poema que segue, caracteriza as maravilhas da criação:

MAJESTADE

Quão grande,
Imensurável...
És tu, Senhor!
Tua grandeza
Resplandece
No Sol que dá vida,
Energia, luz calor.
No fulgor do teu brilho,
A tua luz acende
O lume dos vagalumes
Em noite sem luar.
A tua soberania,
Se exalta
No cintilar das estrelas
Nos pequenos asteroides
Nas caudas luminosas dos cometas
Nas sete cores do arco-íris.
O teu magnânimo Amor
Engloba todos os seres
Neste mundo sem limites.
Com o teu grande poder.
A tua magnitude
Transcende as profundezas
Dos oceanos/mares
As lavas dos vulcões,
As tempestades,

As calmarias
No espaço sideral.
A tua grandiloquência
Ultrapassa o mais alto
Píncaro do Universo em expansão...
Para sublimar
A grandiosidade do Teu saber.
Oh! Tu grandioso Senhor
Sublima tudo o que existe
Nos insondáveis confins
Com teu imenso amor
Na harmonia do teu ser.

Deus, com sua grande sabedoria, instituiu suas leis para orientar a humanidade sobre como se deve proceder para com os seus ensinamentos. Portanto, é preciso seguir sua doutrina com determinação, firmeza de pensamento e de ação, isto é, colocar em prática sua doutrina.

É necessário esclarecer um episódio sobre Jesus Cristo. Segundo as Escrituras Sagradas, Jesus Cristo era desprezado, e o mais indigno entre os homens. Naquela época as pessoas andavam desgarradas como ovelhas. No entanto, o Senhor Jesus fez cair sobre ele a iniquidade de todos. A Bíblia diz que Jesus Cristo foi oprimido e humilhado, mas não reclamou, não abriu a boca; como cordeiro foi levado ao matadouro. Ele andava desfigurado e abatido. Não tinha aparência, nem formosura. Certamente sabia o que ia lhe acontecer: traição e morte.

Posteriormente, seu nome foi engrandecido e glorificado. "Agora não mais como Homem de dores, (Isaias 53:3). Jesus aparece como poderoso vencedor". O Rei dos Reis no esplendor de sua glória fez sublimar em cânticos de triunfo e para maior fulgor, aparece no céu o arco-íris, que é o símbolo de Deus com a humanidade.

Fica subentendido, na Bíblia, esse episódio, essa passagem maravilhosa sobre o Príncipe da Vida. – Jesus Cristo.

CAPÍTULO V

A GRAÇA DE DEUS

A Graça consiste na misericórdia e no perdão de Deus. É o seu grande amor que nos concede a salvação. Entretanto, é preciso que sejamos obedientes, fazendo a vontade Dele e não a nossa vontade. "Pois vocês são salvos pela graça, por meio da fé, e isto não vem de vocês, é dom de Deus; não por obras, para que ninguém se glorie." (Efésios 2:8-9).

A benevolência do Nosso Senhor, de perdoar nossos pecados e conceder nossa salvação, justifica o seu grande amor por nós, pecadores.

Não importa a dimensão do problema. O poder de Deus é infinitamente maior do que tudo o que se possa imaginar. Todavia, devemos confiar plenamente nele e no seu domínio.

Não te aflijas! Confia em Deus e o demais Ele fará. Na sua infinita sabedoria, misericórdia e amor, ele nos proporciona galgarmos caminhos ascendentes e promissores.

Com seu imensurável saber, criou os céus, a Terra e este imenso universo. Deus é insondável em seus desígnios. A sua glória transcende o que há de mais belo, edificante e magnífico. Ele é maravilhoso! Sua grandiosidade é inexplicável – é maior que todas as galáxias, todos os sistemas planetários e estelares, criados por Ele neste infinito universo em expansão.

Seu amor e sua maravilhosa e amorável graça, nos perdoa, nos renova e nos salva. Todavia, a salvação é concedida pela Graça de Deus e não nas realizações humanas. "Deus é amor, e aquele que permanece no amor, permanece em Deus e Deus Nele." (João 16).

Portanto, a Graça de Deus é a base da salvação e a fé em Jesus Cristo é o meio de tomarmos posse da salvação através da obediência ao nosso Senhor Jesus Cristo.

O sacrifício que o Senhor Jesus Cristo ofereceu na cruz do calvário foi o único meio de salvação da humanidade. "Cristo morreu pelos nossos pecados, segundo as Escrituras." (1Co 15:3)

As Escrituras nos revelam que Deus nos amou com amor eterno. Ele estabeleceu um plano mediante o qual seu filho Jesus Cristo deu a vida e morreu na cruz por nós, pecadores.

O Senhor Jesus, a fim de destruir o pecado, humilhou-se, sofreu e foi obediente ao Pai, até a morte na cruz.

Jesus Cristo, o Santo dos Santos, nasceu e ressuscitou em Jerusalém, segundo a Bíblia. Jerusalém, a sua terra natal, a chamada Cidade Santa, infelizmente, hoje, vive em disputa entre palestinos e Israelenses e, ou entre Israel e os países árabes. Portanto, Jerusalém não é uma cidade de paz. Quem sabe! Um dia poderá ser...

CAPÍTULO VI

LIBERDADE. PALAVRA MÁGICA

Deus nos concedeu a liberdade para escolhermos entre o certo e o errado. No entanto, nestes tempos necessários de mudanças em todos os aspectos da vida, precisamos trilhar o caminho certo no curso de nossa caminhada, na dimensão material, para que possamos merecer a dimensão espiritual de paz, de amor, de liberdade. Liberdade de ser, de perceber, de agir, de tomarmos decisões, ante os ensinamentos adquiridos através de estudos, de natureza literária e da Escritura Sagrada.

O desejo de liberdade sempre falará ao coração do homem e fará com que ele rompa com todas as amarras que o impedem de chegar a Deus e de expressar o verdadeiro amor e a lealdade para com o Criador – o Senhor do Universo.

Não podemos viver dentro de uma prisão mental, fadados pela cegueira, sem vermos a vida e o mundo no agora. Precisamos adquirir liberdade com responsabilidade, para que possamos eliminar nossa ignorância básica, isto é, compreendermos os propósitos Divinos, as maravilhas que Deus tem para com aqueles que O amam verdadeiramente, em espírito e em verdade.

O ser humano precisa dar o voo da liberdade, estar de bem consigo mesmo, com seu semelhante, com o mundo, procurando galgar as maiores alturas, como se pudesse alcançar o céu e chegar mais perto de Deus e encontrar sua síntese, seu sentimento mais profundo em sua liberdade de ser, de optar, de tomar decisões.

Abandonar velhos condicionamentos, tabus e preconceitos pré-estabelecidos. Ver as pessoas com olhar mais amoroso; combater as armadilhas do orgulho; viver a vida com mais equilíbrio e serenidade, sem reclamações e conflitos e, ser mais flexível, até com suas próprias limitações – ninguém é perfeito. Somente Deus o é.

A liberdade nasce do desapego das coisas materiais. A verdadeira liberdade é aquela que contribui para a paz, para o amor ao próximo e para a harmonia, que não oprime e nem humilha, mas, sim, faz florescer nos corações as mais belas sinfonias.

Precisamos fazer a vontade Dele para que possamos merecer as suas promessas. Deus é infinitamente bom e misericordioso. Todavia, devemos ser fiel à Ele, em todos os aspectos da vida. Entretanto, é necessário respeitar os limites da liberdade cristã, como está escrito na Palavra de Deus "Todas as coisas são lícitas, mas nem todas convêm; todas são lícitas, mas nem todas edificam." (1 Coríntios 10:23).

Na infinitude do amor do Nosso Senhor Jesus Cristo, centelhas da sua obra, manifesta o poder sobrenatural do Grande Deus. São desafios para buscarmos o caminho que nos levará à salvação. "Agrada-te do Senhor, e ele satisfará os desejos do teu coração. Entrega o teu caminho ao Senhor, confia nele, e o demais Ele fará." (Salmo 37.vs. 4 e 5).

Deus é amor, transcende a tudo e a todos, é incomensurável, eterno; é totalidade e perfeição.

Na Bíblia está escrito que Jesus Cristo é o primogênito de toda criação, Nele foram criadas todas as coisas. (...) "Ele é antes de todas as coisas. Nele, tudo subsiste" (Colossenses 1:15-17). E, ainda diz: (...) "sem ele, nada do que foi feito se fez". (João 1:3).

A grandiosidade do poder sobrenatural do Espírito de Deus, é loucura para nós, na nossa pequenez de entendimento espiritual, diante de sua imensurável sabedoria que transcende nossa compreensão.

Nesta ótica, entendemos que, se a materialidade, o problema da dinâmica, da transformação ocorre, é, talvez, porque o pressuposto básico, a essência desse movimento é substancialmente a manifestação do contido no incontido, ou seja, a exemplo, o que possibilita um carro funcionar, não é a sua materialidade, mas a ação do combustível que o aciona. Nessa analogia, se pode inferir que, o que impulsiona o progresso da humanidade é a essência do homem, isto é, seu princípio ativo e indestrutível, imaterial – o espírito.

Deus é espírito e verdade. É vida, luz, amor e perfeição. Tudo vê, tudo sabe, tudo pode. É imaterial, indestrutível, imensurável. "O espírito é o que vivifica; a carne para nada aproveita; as palavras que eu vos tenho dito são espírito e são vida." (João 6.63).

Deus é ilimitado, é a superioridade absoluta do universo. A sua luz brilha cada vez mais, o seu esplendor enaltece o seu nome e a sua glória proclama as multidões na terra. "A sua glória cobre os céus e a terra se enche do seu louvor. O resplendor é como a luz..." (Habacuque 3.3-4).

A glória do Senhor desperta o oprimido e liberta-o; transforma e restaura a vida de todos aqueles que O buscam verdadeiramente. Para tanto, é preciso que o homem tenha o entendimento necessário e perceba que sem a mão de Deus nada podemos fazer.

Sentir a presença do Grande do Deus é alcançar a plenitude do seu amor, de sua bondade e misericórdia é dar o voo da liberdade espiritual – é maravilhoso!

CAPÍTULO VII

O AMOR INFINITO DE DEUS

DEUS – Supremacia do Universo: Onipotente, Onipresente, Onisciente, Bondade, Perfeição.

O termo DEUS é o significado mais profundo e definitivo de tudo o que existe, no mais alto grau de entendimento.

O Senhor nos criou a sua imagem e semelhança. Somos todos iguais perante Ele. Portanto, devemos amar o nosso semelhante, como Ele nos ama.

Deus nos deu inteligência, raciocínio e livre-arbítrio, para que possamos diferençar o certo do errado, o bem do mal. Por isso, devemos ser cautelosos em tudo que tivermos que decidir e realizar, sempre com o auxílio do nosso Deus Vivo e Verdadeiro – Jesus Cristo.

Precisamos aproveitar as oportunidades para fazermos alguma coisa em benefício do nosso irmão. Aquilo que fizermos ao outro, também o é para nós mesmos – porque, o que plantamos, vamos colher. Todavia, devemos semear boas sementes, para colhermos bons frutos. "Todo aquele que é nascido de Deus não vive na prática de pecados, pois o que permanece nele é a divina semente..." (João 3.9).

Devemos ser contribuintes dos bons preceitos. Cultivar o amor fraternal para que nosso mundo seja melhor. O amor, o perdão, a caridade para com o próximo, nos proporciona bem-estar, harmonia, serenidade, calma.

Deus nos concedeu a vida para vivermos com dignidade, para sermos co-responsáveis e cooperadores das normas divinas.

Jamais será possível transformar o mundo fora da dimensão Divina. Entretanto, é necessário amar a vida, amar seu semelhante e a natureza que é a própria manifestação de Deus.

O Senhor é imanente a cada ser, se manifesta através do amor, do perdão que se revela através de sua criação. Transcende a tudo e a todos – é imensurável, eterno, glorioso. Deus é amor – seu amor se expressa em tudo que Ele criou.

Acreditamos que o amor é o mais nobre sentimento humano – é a manifestação mais sublime que emana, que flui da Energia Divina que está em nós. Deus é benignidade e perfeição. "Celebrai as benignidade do Senhor e os seus atos gloriosos..." (Isaias 63:7).

Todavia, precisamos transformar nosso interior, nosso modo de ser, de proceder, de ver no outro o seu verdadeiro valor como pessoa, como nosso irmão. "Transformação é uma porta que só se abre por dentro" (Provérbio francês).

Pela razão e, pela reflexão, o homem desvela a si mesmo e o mundo. Pelo amor, o homem pode construir o devir de sua plenitude, alicerçado nos ensinamentos de Deus explícito na Bíblia, os quais nos orientam e nos mostram como devemos proceder em todos os aspectos de nossa da vida. Com fé e perseverança venceremos todos os infortúnios, "porque todo o que é nascido de Deus vence o mundo; e esta é a vitória que vence o mundo: a nossa fé". (João 5:4).

CAPÍTULO VIII

FINAL DOS TEMPOS

Vivemos o final e a brevidade do tempo.

Na palavra de Deus está escrito: "Não tivessem aqueles dias sido abreviados, ninguém seria salvo, mas, por causa dos escolhidos, tais dias serão abreviados." (Mateus 24:22).

É notório e inegável que diante do que está acontecendo em escala mundial; o final dos tempos se aproxima: guerras, desastres ecológicos enchentes arrasadoras, maremotos, terremotos, em vários lugares do mundo, entre outros fenômenos naturais.

O homem está cada vez mais insensível, tira a vida do seu semelhante, muitas vezes, pelo simples prazer de matar. Infelizmente, quase todos os dias estão acontecendo essas atrocidades, mostradas através da televisão e em outros meios de divulgação. "Nesses tempos, muitos hão de se escandalizar, trair e odiar uns aos outros". (Mateus 24:10).

"Levantar-se-ão muitos falsos profetas e enganarão a muitos." (Mateus 24:11).

Todavia, o que está ocorrendo mundialmente de forma tão drástica, é o preço da materialidade, ou seja, os valores espirituais cederam lugar aos valores materiais. Os princípios divinos, os ensinamentos Bíblicos foram esquecidos.

É necessário e urgente, uma tomada de consciência sobre essa realidade verídica! É preciso que a humanidade acorde, que procure mudar a sua maneira de proceder, de respeitar seu semelhante e a vida como um todo no planeta Terra. Quem sabe? Amenize! Tantos problemas que estão ocorrendo mundialmente.

Entretanto, é necessário que, através da Educação, seja feita uma ampla conscientização para estudantes, pais, professores, administradores escolar, para a sociedade como um todo. Que seja aprazível, a fim de reverter essa situação, possibilitando meios adequados, de como devemos proceder de maneira correta, ante determinadas circunstâncias que estão acontecendo no mundo.

CAPÍTULO IX

JESUS ESTÁ VOLTANDO

Acreditamos que, diante de todas essas mudanças, dessas tribulações que estão acontecendo mundialmente, o Senhor Jesus está voltando para resgatar seus escolhidos. "Logo em seguida à tribulação daqueles dias, o sol escurecerá, a lua não dará sua claridade, as estrelas cairão do firmamento e os poderes dos céus serão abalados. Então, aparecerá no céu o sinal do Filho do Homem; todos os povos da Terra se lamentarão e verão o Filho do Homem vindo sobre as nuvens do céu, com poder e muita glória." (Mateus 24: 29, 30).

"E ele enviará os seus anjos, com grande clamor de trombeta, os quais reunirão os seus escolhidos dos quatro ventos de uma a outra extremidade dos céus." (Mateus 24: 31).

Todavia, precisamos buscar uma experiência profunda e vivenciada sobre a Palavra de Deus. Termos um compromisso verdadeiro com Ele e com seus ensinamentos. Não devemos negligenciar e perder tempo, é preciso sensibilidade e entendimento sobre a salvação da alma que é o mais importante para o ser humano. No entanto, temos que percorrer o caminho certo que nos conduz a Deus. "Quão insondável são seus juízos e inescrutáveis os seus caminhos" (Romanos, 11:33).

É o momento de regozijar e, dar graças e louvar para o autor da nossa redenção – Jesus Cristo. Sermos gratos a Ele que nos orienta e nos mostra o caminho certo no curso de nossa vida.

Jesus Cristo, com sua misericórdia e amor, antes de ser transladado para o reino de Deus, prometeu aos seus discípulos que não os deixariam órfãos, que rogaria ao Pai que enviasse outro consolador. "Eu rogarei ao Pai, e ele vos dará outro consolador, o Espírito Santo, a quem o Pai enviará em meu nome, esse vos ensinará todas as coisas e vos fará lembrar de tudo o que tenho dito." (João 14:16,26).

A Bíblia Sagrada nos diz que o Espírito Santo é o espírito de Deus, que por meio de Jesus Cristo, somos justificados e libertos do domínio do pecado. Guiados pelo Espírito Santo e, nos arrependendo de nossas transgressões, permanecemos N'ele e nos tornamos participantes da natureza Divina.

Para que possamos verdadeiramente nos transformar em todos os sentidos da nossa vida, essa transformação é possível somente pelo poder do Espírito Santo. Na Bíblia está escrito "Deus nos salvou mediante o lavar regenerador e renovador do Espírito Santo, que Ele derramou sobre nós ricamente, por meio de Jesus Cristo, nosso Salvador." (Tito 3:5,6).

O Senhor Jesus Cristo, Rei do Céu e da Terra, único invencível, grande e admirável Senhor. Ele é o Rei dos reis, como expressa o poema a seguir:

REI DOS REIS

Oh! Rei dos reis
Que veio em nome do Senhor.
De glória em glória
Fostes coroado.
A tua graça resgata
A humanidade perdida,
Com o teu amor e misericórdia
Perdoastes os que te humilharam
E Te crucificaram.
Os sinais dos tempos,
Prenunciam a tua volta
É chegada a hora do juízo final,
A voz de Deus proclama
As multidões oprimidas.
O Senhor virá com
Poder e grande glória!
O sinal definitivo – a pregação
Do Evangelho por todo mundo
Confirma a consumação do século.

Jesus Cristo, nas suas preleções aos seus discípulos, quando ia partir para o plano celestial, disse: "Eis que venho sem demora e comigo está o galardão que tenho para retribuir a cada um segundo suas obras." (Apocalipse 22:12). E disse mais: "Eu sou o Alfa e o Ômega, o Primeiro e o Último, o Princípio e o Fim." (Apocalipse 22:13). E disse ainda: "Eu, Jesus, enviei meu anjo para vos testificar estas coisas às igrejas. Eu sou a raiz e a geração de Davi, a brilhante Estrela da manhã." (Apocalipse 22:16).

Realmente, o brilho incandescente da luz de Jesus Cristo, ofusca a mais brilhante estrela do espaço sideral.

La Grandeza de Dios

Eloá Domingues Braga

Tradução ao Espanhol:
Perpétua Flôres e Carlos Higgie
Supervisão: Gabriel Solis

2018
PORTO ALEGRE

© by Eloá Domingues Braga

Direitos autorais reservados.

Arquivo digitado e corrigido pela autora, com revisão final da mesma, autorizando a impressão da obra.

Capa: Editora Alcance, com fotos oferecidas pela autora, igualmente artista plástica.
Capa e Editoração eletrônica: Willian Castro
Editor: Rossyr Berny

Dados Internacionais de Catalogação na Publicação (CIP)
Bibliotecária responsável: Aline Graziele Benitez CRB1/3129

B793g Braga, Eloá Domingues
1.ed. A grandeza de Deus / Eloá Domingues Braga. – 1.ed. – Porto Alegre: Alcance, 2018.
64 p.;

1. Deus. 2. Fé. 3. Biblía. 4. Versiculos biblicos. 5. Jesus Cristo. 6. Prática religiosa. I. Título.

CDD 212

ISBN: 978-85-9537-027-2

AGRADECIMENTOS

Agradezco a Dios por concederme esta oportunidad más en la elaboración de mis nuevos libros: **La grandeza de Dios** *y* **El arte como proceso para innovar la Educación**.

Al poeta y editor Rossyr Berny por la dedicación criteriosa para la publicación de las nuevas obras.

DEDICATORIA

Dedico esta producción literaria para mis hermanos y demás familiares; bien como a las personas amigas.

Prefácio

La grandeza de Dios

Escribir sobre la grandeza divina es magistralmente importante y vital, pues cuanto más tratamos de este tema más avanzado estaremos en dirección a la fe, a la ética, alcanzando así las enseñanzas cristianas. Y más: ingresando en la casa de Dios, donde las puertas están siempre abiertas a los que también abren puertas a sus semejantes por el ejemplo, enseñanza y respeto a las normas humanas y divinas. En fin, reconocer la grandeza de Dios es buscar refugio y apoyo del Señor a que nos dé guarida, amparo y luz para que podamos aprender las lecciones enseñadas por Él y por su hijo Jesús.

De ahí la importancia de este nuevo libro de la profesora, artista, poeta y escritora Eloá Domingues Braga - incluyendo edición bilingüe portugués / español, descendiente de españoles que es - ya que este trabajo merece ser conocido y reconocido por el mayor número posible de personas interesadas en el reconocimiento que la grandeza Dios; cuanto más forma parte de nuestras vidas, mejores vidas vivimos.

De esta manera, como bien aclara la autora en la presentación de la obra: *"Dios en su infinita bondad y amor, nos posibilita sobrepasar y vencer los obstáculos, las tempestades, los infortunios de la vida."*

Eloá Domingues Braga, con sus predicados poéticos, igualmente en versos esparce brillo en las páginas de este libro, igual a las mañanas de sol sobre los trigales, como en este bello poema:

El Poder del Altísimo

Oh! Señor
Cuán grande es Su poder...
Creaste el sol y las Estrellas.
El firmamento
Es obra de sus manos.
Bendito y loado
Su santo nombre.
Glorificado
Exaltado
Engrandecido sea el Señor.
Oh! Rey de reyes
Que vino en nombre
Del Altísimo,
De gloria en gloria,
Fuiste coronado.
Para ti, fue creado
Todo lo que existe.
Revelado por Dios,
Antes de la fundación del mundo.
Para su Honra y Gloria!
Fue construida
La monumental obra de la Creación.

Por fin, deléitese en estado de oración en la lectura de La grandeza de Dios. Y más aún con El Arte como proceso para innovar la Educación - ella que ya había publicado con éxito, en 2003, su hermoso libro El mundo en ebullición.

¡Buen provecho!

Rossyr Berny - *Editor, poeta y escritor*

SUMÁRIO

Capítulo I
La grandeza de Dios 77

Capítulo II
El poder del Altísimo 85

Capítulo III
La verdad incontestable 91

Capítulo IV
La ley de Dios 97

Capítulo V
La gracia de Dios 103

Capítulo VI
Libertad . Palabra mágica 107

Capítulo VII
El amor infinito de Dios 111

Capítulo VIII
Final de los tiempos 115

Capítulo IX
Jesús está volviendo 117

Presentación

Vivimos momentos de transformaciones en casi todos los aspectos, sea en el campo del conocimiento científico y tecnológico, de los cambios del clima y de la ecologia; de las relaciones humanas y, especialmente, de la informática en sus múltiples facetas revolucionarias.

En este inicio de siglo/milenio, asistimos a una compleja parafernalia de implicaciones de todo orden/desorden, al mismo tiempo un despertar para nuevas posibilidades en varios aspectos de la vida. Se torna necesario y urgente una búsqueda, una toma de conciencia en nuestras actitudes y acciones para una transformación significativa en nuestros pensamientos, percepción y valores.

Se nota que hay una perspectiva de superación de los viejos padrones de valores por nuevas concepciones de vida que rescaten los verdaderos valores universales.

En los horizontes ampliados de la conciencia surge una nueva luz, el deseo de liberar el género humano que se encuentra sumergido en el abismo, sin entender el verdadero sentido de la existencia humana.

Muchas veces, el hombre preso en su pequeño universo, en sus limitaciones, preocupado con tener, olvida el ser, olvida vivir, sentir la vida, percibir que existe como persona, como ser humano creado por Dios.

En este enfoque, Dios en su infinita bondad y amor, nos posibilita vencer los obstáculos, las tempestades, los infortunios de la vida.

Aun, precisamos hacer su voluntad, ser fieles a Él en todo, para que podamos merecer tanto amor; merecer sus promesas en aquello que le pedimos y anhelamos. Pero para que las bendiciones de Dios en nuestra vida sean profundas y duraderas, deben estar fundamentadas en los principios transcendentales de amor a Dios y e prójimo.

En su grandiosa sabiduría, nos oportuna comprender cuán grande es su amor por nosotros. Sacrificó su hijo unigénito para salvarnos. "Aquél que no salvó su propio hijo, antes, por todos nosotros, lo entregó; por ventura no nos dará juntamente con Él todas las cosas? (Romanos 8:3).

Nuestro Señor y Salvador Jesucristo, está siempre presente para oírnos y orientarnos en aquello que le pidamos. Él es nuestro interlocutor con Dios. Por su gracia somos salvos. Su misericordia nos concede el perdón y su ley nos concientiza del pecado. "La gracia consiste en la misericordia y en el perdón" (Efesios 2:8-9).

El sacrificio de Jesucristo en la Cruz del Calvario fue el medio de salvación de la humanidad. Él sufrió intensamente, superó todo por amor a nosotros. Su sufrimiento fue para su gloria.

La misión de Jesucristo aquí en la tierra fue bien sucedida y perfecta. Cuando su sacrificio fue consumado, Jesús exclamó: "Padre en tus manos entrego mi espíritu". (Lucas 23:46). En aquél momento final se cumplieron las palabras que Juan había dicho sobre Jesús. "He aquí el Cordero de Dios, que quita el pecado del mundo!" (Juan 1:29).

El Señor Jesús es nuestra fuente inagotable de amor, luz y paz. Es fundamental dedicar a nuestro Maestro Jesús toda lealtad, reverencia y mucho amor. Él es la esencia del verdadero amor. La esencia es invisible y trascendente.

CAPÍTULO I

LA GRANDEZA DE DIOS

"¿Que diremos, pues, a la vista de estas cosas? ¿Si Dios es por nosotros, quien será contra nosotros?" (Romanos 8. 31).

Nos deparamos a cada momento de nuestro día a día, con los más diversos aspectos de la realidad existencial.

La grandeza de Dios se manifiesta en cada partícula de vida: en el desabrochar de una flor, en el despertar de los primeros rayos de sol en una mañana primaveral, en el canto de un pájaro, en el cintilar de las estrellas, en las ondas del mar, en los colores del arco iris...

Del átomo a la inmensidad del océano, el poder de Dios está presente en su infinita creación. "Porque él ve hasta las extremidades de la Tierra, ve todo lo que hay debajo de los cielos." (Job 28: 24).

Todo lo que existe en la naturaleza expresa orden, exactitud, belleza: como las flores, los océanos, las florestas, las estrellas, entre otros fenómenos naturales, justificando la perfección del Creador.

El ser humano participa de esos fenómenos y, muchas veces, no percibe esas maravillas creadas por el Altísimo – el Gran Arquitecto del Universo.

Impregnado en su pequeño universo, en sus limitaciones, preocupado con el Tener, olvida del Ser; no percibe las bellezas de la creación Divina. Se omite sobre el verdadero sentido de la vida – la oportunidad de la existencia.

No comprende que, a su alrededor existe un mundo mágico de belleza y perfección, donde nada existe por sí solo, sino por una razón muy especial y providencial – es la manifestación de Dios que todo sabe, todo ve, todo puede...

Sin embargo, el hombre, tal vez, por falta de esperanza o por falta de entender los designios de Dios, no vé más allá de la realidad visible. En este sentido, por su imprudencia, ataca, sofoca, destruye las maravillas que el Señor Jesús creó aquí en la Tierra para honra y gloria de su nombre. "Bendito el hombre que confía en el SEÑOR y cuya esperanza es el Señor" (Jeremías 17:7).

Como está escrito en la Biblia Sagrada, que Dios nos escogió en Él, Jesucristo, antes de la fundación del mundo, para glorificarLo. "... a fin de ser para su gloria, nosotros, los que de antemano esperamos en Cristo." (Efesios 1:12)

En el enmarañado en que el hombre se encuentra, impelido por las contingencias del mundo material, parece que vive en un laberinto, pierde la noción de su propio ser como persona, dotada de razón y sentimiento.

Sobrevive, pero parece no entender el porqué de tantos problemas: violencia, guerra, hambre, destrucción de la naturaleza, entre otros fenómenos. Posiblemente, todo ese caos, esté en la falta de comprensión de sí mismo y, de entender la Palabra de Dios.

Sin embargo, cuando la persona se encuentra consigo misma, ella se encuentra con la vida, con otro, con el mundo – ella encuentra la presencia de Dios, y rescata su motivo de ser, de actuar, de conquistar su libertad interior, su identidad.

La mayoría de las personas en el curso de sus vidas, viven presas por contingentes y pensamientos que les impiden realizar sus propósitos, sus ideales. Muchas veces, tal vez, se preocupen con lo que su semejante pueda pensar a su respecto, al revés de dirigir su pensamiento para la realización de sus objetivos, buscando la ayuda de Dios. Sin embargo, no buscan auxilio, y se quedan a merced de sus devaneos.

Como se sabe, la vida es tomada por imprevistos y desafíos – son esos atributos que nos muestran los caminos; son ellos que nos llevan a las conquistas, y/o, al fracaso. Dependerá de nuestras actitudes, de nuestras decisiones y, de nuestra sensibilidad y percepción, para entender por donde debemos empezar, y seguir adelante sin vacilar, confiando en el poder del Altísimo.

Cuando encontramos nuestros propósitos, aquello que nos torna capaces de vencer y alcanzar nuestras metas, nuestros objetivos y sentirnos realizados en aquello que anhelamos – con certeza Dios nos otorgó esa bendición. Por lo tanto, cuando nos colocamos verdaderamente en la presencia y en la dependencia de Dios, estamos en puerto seguro – nada nos alcanza. Dios es todo en nuestra vida: nuestra fuerza, nuestro escudo, nuestra fortaleza.

El término "Dios" es la expresión más significativa, es el más profundo sentido de todo que se pueda imaginar. Él es poderoso, majestuoso – es indescriptible.

El amor de Dios es grande e incondicional. Su gloria trasciende todo lo que hay de más bello, edificante y magnífico. Su grandiosidad es inexplicable, es mayor que todas las galaxias, todos los sistemas creados por Él, en este infinito universo que se expande cada vez más, según los criterios de la Ciencia. Él es insondable en su poder y en sus designios, mostrando que pequeños somos, ante su grandeza.

Dios en su infinita sabiduría, misericordia y amor, nos lleva por caminos ascendientes y promisores, desde que seamos merecedores.

Sin embargo, no importa el tamaño del problema. El poder de Dios es trillones de veces mayor – es infinitamente grandioso, ante todo lo que se pueda imaginar.

Por lo tanto, no aflijas tu corazón. Confía en Dios y lo demás, él hará.

Precisamos desarrollar e practicar una fe vivenciada, que posibilite un encuentro verdadero con nuestro Señor Jesucristo – el Padre de la Fe. Que su bondad infinita nos conceda las cualidades necesarias para que busquemos la salvación del alma, que es lo más importante en la vida de una persona; así como cultivar el amor incondicional, la lealtad, el perdón, entre otros atributos concernientes al ser humano. Es lo mínimo que debemos hacer en nuestra jornada espiritual.

Creemos que, cuando las victorias del bien y del amor triunfen sobre el mal, no habrá más decepciones, ni dolor, ni tentaciones para los que creen y confían en el Señor. "(...) no se hará mal ni daño alguno en todo mi santo Monte, porque la Tierra se llenará del conocimiento del Señor, como las aguas cubren el mar". (Isaías 11:9).

Los padrones morales y los valores tradicionales están deteriorando-se. La TV muestra los mayores absurdos. Determinadas mujeres perdieron la noción de respeto a su propio cuerpo. Es vergonzosa y decadente la manera como exhiben el cuerpo casi desnudo, con la mayor naturalidad. Y mañana, ¿cómo serán esos padrones de "valores" para las futuras generaciones?

En el Apocalipsis, el mensaje final de Dios para toda la humanidad nos llama a la moralidad, o sea, volver a los padrones de Dios. Está claro en el Evangelio. "Entonces vi otro ángel, que volaba por el cielo y tenía en la mano el evangelio eterno para proclamar a los que habitan la Tierra, e a cada nación, tribu, lengua, y pueblo, diciendo en gran voz: Temed a Dios y dadle gloria. Pues ha llegado la hora de su juicio; y adorad aquél que hizo el cielo y la Tierra, y el mar, y las fuentes de las aguas" (Apocalipsis 14:6").

Es preciso, temer y glorificar a Dios, respetando y siguiendo su Ley. La Ley de Dios es la base de la moralidad, es el padrón moral, divino y eterno para el juzgamiento final. "Todo aquél que practica el pecado desobedece la Ley; de hecho, el pecado es la desobediencia de la Ley." (1 Juan 3:4).

Posiblemente, todo ese caos humano esté en la falta de comprensión de sí mismo y de entender la Palabra de Dios.

Por lo tanto, la ley de Dios es el camino para la felicidad, que todo cristiano debería seguir incondicionalmente y temer a Dios. Temer a Dios no quiere decir tenerle miedo a Dios y, sí, tener reverencia, respeto y obediencia a Él.

El Señor Jesús e nuestro mejor amigo. Él tiene la incomparable capacidad de comprender a cada uno de nosotros. Asumió la forma humana para identificarse con nuestras necesidades. Él dijo: "Yo soy la luz del mundo, quien me sigue no andará en las tinieblas, al contrario, tendrá la luz de la vida". (Juan 8:12).

Con su gran sabiduría, Jesucristo proclamó su máxima enseñanza la expresión: "Yo Soy" para referirse a sí mismo. Dijo: "Yo soy el pan de la vida." (Juan

6:35): "Yo soy la puerta." (Juan 10: 7,9); "Yo soy el buen pastor." (Juan 10:11,14); "Yo soy la resurrección y la vida." (Juan 11:25); "Yo soy la vid, vosotros, los ramos." (Juan 15:5).

Es fundamental que mantengamos nuestra mente, nuestros pensamientos en actitud positiva. Somos lo que pensamos. Nuestros pensamientos tienen poder. Lo que pensamos se materializa en nuestra vida. No podemos olvidar que el secreto de la victoria es acción, persistencia y esfuerzo sobre todo lo que anhelamos conquistar. "El reino de los cielos es tomado por esfuerzo." (Mateo 11:12).

Para que merezcamos las bendiciones Divinas, hemos de abandonar el viejo mundo de las cosas materiales, mundanas que no agradan a Dios, y navegar en horizontes espirituales, que nos proporcionen hacer la voluntad del Señor. En la Biblia está escrito "Agrádale al Señor y Él satisfará los deseos de tu corazón". (Salmo 37:4).

Su amor es infinito y eterno, lleno de bondad y compasión; paciente, soporta y espera – está siempre disponible para oírnos; su misericordia no tiene límite. Él nos ama incondicionalmente, su amor ésa eterno "Con amor eterno Yo te amé; por eso, con bondad te atraje. (Jeremías 31:3).

Debemos a Él toda la gratitud es mucho amor, por concedernos entender como debemos proceder para con nuestro hermano y con nuestros compromisos en esta jornada de la vida.

Precisamos desarrollar nuestra sensibilidad para percibir los valores del otro, generando una convivencia solidaria, harmoniosa y compartida, respetando la diferencia – son aliados imprescindibles para la significación da ciudadanía planetaria.

Precisamos vencer nuestras limitaciones y abrir nuevos caminos para un relacionamiento más de acuerdo con nuestro semejante, para que merezcamos el amor de Dios. Con certeza Él quiere que seamos felices, alegres, satisfechos, pero para que esa satisfacción sea profunda y duradera, deben estar fundamentadas en los principios transcendentales de su amor. Pues, solamente Dios es eterno, soberanamente bueno y justo.

Su primogénito, Jesucristo, a través de la Biblia nos orienta y nos muestra el camino de la redención. Quizá los que cumplen los principios y orientaciones del Maestro, tengan esperanza y convicción de resolver problemas y anticipar días mejores. Cristo dijo: "Yo soy el camino, y la verdad, y la vida: nadie viene al Padre sino por mí". (Juan 14:6).

Nuestro Señor y Salvador, Jesucristo, nos redimió del pecado, nos salvó y nos dió amor incondicional. "Aquél que nos ama y nos libra de nuestros pecados por medio de su sangre, nos constituyó reino y sacerdotes para servir su Dios y Padre. A Él sean gloria y poder para todo siempre". (Apocalipsis 1:5,6).

CAPÍTULO II

EL PODER DEL ALTÍSIMO

El poder de Dios se revela en todo lo que Él creó. Su bondad nos muestra un poco de su insondable creación. "Cuan insondables son sus juicios e inescrutables sus caminos." (Romanos 11:33).

Sin duda, Dios, solamente Dios es eterno, infinito, inmutable, omnipotente, omnisciente, soberanamente benevolente. Él nos ama con amor eterno, nos da paz de espíritu y, nos perdona nuestras faltas, nuestros pecados.

A su primogénito, Jesucristo, con su amor inefable, sublime, infinito y eterno, el Dios Altísimo le otorgó, poder y sabiduría – son centellas de su Divino amor que brillan para su gloria y manifiestan el poder sobrenatural del gran Dios.

La potencia de Dios es un misterio – es inescrutable, no puede ser percibido. El grandioso saber y poder del Altísimo, creó todo lo que existe en los cielos y en la tierra – en este inmenso universo, como expresa el poema a seguir:

EL Poder del Altísimo

Oh! Señor
Cuán grande es Su poder...
Creaste el sol y las Estrellas.
El firmamento
Es obra de sus manos.
Bendito y loado
Su santo nombre.
Glorificado
Exaltado
Engrandecido sea el Señor.
Oh! Rey de reyes
Que vino en nombre
Del Altísimo,
De gloria en gloria,
Fuistes coronado.
Para ti, fue creado
Todo lo que existe.
Revelado por Dios,
Antes de la fundación del mundo.
Para su Honra y Gloria!
Fue construida
La monumental obra de la Creación.

Esta realidad sobre el poder del Creador, son señales que nos despiertan y nos conducen a reflexionar, meditar y buscar el entendimiento de la complejidad del saber del Gran Dios que creó todo lo que existe con amor e infinita sabiduría.

Aunque las estrellas caigan del firmamento y la luz se apague, el fuego de Dios continuará con su brillo incandescente de fulgor y maestría.

Es preciso comprender la grandeza de Dios, de sus maravillas, de la plenitud de su gran amor y su bondad para los que en Él confían.

La cosa más bella de la vida y edificante, es sentir profundamente la esencia de todo lo que nos eleva espiritualmente y nos torna más conscientes sobre nuestra incumbencia, de entender nuestro semejante y, ayudarlo en la medida de lo posible.

Cada ser humano es una potencia en desarrollo, tanto en lo físico como en lo espiritual. Debemos usar la inteligencia que Dios nos concedió y desarrollar todo lo que es bueno y correcto, que esté innato en nuestro interior.

En cada instante de nuestra vida, debemos descubrir el lado más bonito y benéfico de todo lo que nos rodea – hasta en los más oscuros y perplejos, debemos ver y procurar comprender cuan grande es la sabiduría del Creador, proporcionándonos crecimiento espiritual a través de las enseñanzas que nos concedió.

Dios es amor y su amor es grande e incondicional. Es inefable. De Él recibimos aliento en momentos difíciles. Él no nos abandona; nos encoraja a seguir el camino cierto. "¿No te lo mandé yo? Sé fuerte y valiente, no temas, ni te espantes, porque el Señor, tu Dios, es contigo por donde quiera que andes." (Josué 1.9).

Como sabemos, el amor es el más noble sentimiento humano – es la manifestación más sublime que emana, que fluye de la Energía Divina.

El amor de Dios por la humanidad es tan grande que sacrificó su hijo, el Señor Jesús, para salvarnos." Dios amó al mundo de tal manera que dio su hijo unigénito para que todo aquél en Él cree no perezca, sino que tenga vida eterna." (Juan 3:16).

Con todo, nuestro compromiso y nuestra lealtad con las enseñanzas de Dios y nuestra fe, debe ser absoluta, para que podamos merecer tan grande amor "...a fin de que podáis comprender, con todos los santos, cual es el ancho, el largo, la altura, la profundidad y conocer el amor de Cristo, que excede todo entendimiento para que seáis tomados de toda plenitud de Dios." (Efesios 3.18-19).

Debemos amar nuestro Señor Jesús, sobre todo y todos. Él murió por amor a nosotros, merece toda nuestra gratitud y el más profundo amor "Nadie tiene mayor amor que éste: Dar alguien la propia vida en favor de sus amigos." (Juan 15:13).

Por amor a nosotros, asumió la condición humana, para colocarse en nuestro lugar, Él es nuestro redentor y salvador; nuestro único intercesor con Dios. Él es nuestro Pastor. Él afirmó: "Yo soy el buen pastor. El buen pastor da la vida por sus ovejas." (Juan 10:11)

Jesucristo es nuestro mejor amigo, él nos comprende y nos perdona, dándonos oportunidad y nuevas perspectivas de vida. Él se comunica con aquellos que lo buscan, donde quiera que estén: sea en el trabajo, la Iglesia o en cualquier lugar. Él está siempre presente para oírnos y orientarnos.

En la Biblia está escrito: "Si alguien está en Cristo, es nueva criatura: las cosas antiguas ya pasaron: se hicieron nuevas." (2. Corintios:5-17).

Él es maravilloso y misericordioso, fue y siempre será nuestra mayor esperanza. Las palabras del Señor Jesús fueron impactantes y reveladoras, lo que le pidamos mediante una oración simple y silenciosa, él nos responderá, nos hará felices y espiritualmente plenos. Las necesidades del alma pueden ser atendidas por nuestro Maestro Jesús a través de la oración que es el oxígeno de la vida espiritual.

Jesucristo nos enseñó maravillas a través de oraciones, el Padre Nuestro, oración modelo para todos los tiempos. Nos enseñó, también, a llamar Padre a Dios, permitiéndonos sentirlo más próximo de su gran amor por nosotros. Él tuvo en la oración su fuente de poder; lo mismo podría suceder en nuestra vida, si cultivásemos el hábito de orar siempre, de vivir en sintonía con el Señor. La oración nos fortalece y nos libra de las tentaciones de la materia, del mal que nos cerca. También nos enseña a agradecer las bendiciones del Señor y sentir gratitud.

El Señor Jesús nos llena de paz, nos da seguridad. Él es, y siempre será, nuestra mayor esperanza. Él nos concede lo que le pidamos, desde que seamos merecedores de sus promesas. Él es nuestra fuente inagotable de amor y luz. A nuestro Grande y Poderoso Señor, sea dada toda honra, toda gloria, toda exaltación y toda alabanza.

Según las Sagradas Escrituras, el Señor Jesús enseñaba sus discípulos con palabras sabias y convincentes. Hablaba con autoridad, certeza y convicción.

CAPÍTULO III

LA VERDAD INCONTESTABLE

Como el título afirma, La Verdad Incontestable. Por lo tanto, no podemos negar la verdad expresada en la Biblia sobre el día de adoración al Señor Jesús, que es el sábado.

Es fundamental dedicar a nuestro Maestro Jesús, reverencia, lealtad y mucho amor – es lo mínimo que todo cristiano debe consagrar a Aquél que nos perdonó y nos libró del mal, del sufrimiento.

El amor insuperable de Jesús nos fortalece, nos comprende, nos redime y nos da fuerza para vencer en los caminos de la vida.

Es preciso que todos los que creen en Jesucristo, como único Señor y Salvador, sepan la verdad contenida en la Biblia, a respecto del día consagrado a Él, que es sábado. Por lo tanto, no se debe concordar que cambien el día del Señor, sea por cuestiones religiosas u otros intereses.

Aún existe falta de entendimiento en la comunidad cristiana, con excepción de algunas denominaciones evangélicas, a respecto del día de la semana consagrado a la adoración a nuestro Maestro Jesús.

En la Biblia está bien claro, que el día de adoración al Señor Jesús, es el sábado, y no el domingo: Del principio, o sea, del 1º libro do Antiguo Testamento – el Génesis, al último libro do Nuevo Testamento, en el Apocalipsis, son registradas innumerables referencias sobre esa gran verdad. He aquí algunas referencias: "Y habiendo Dios terminado el día sétimo su obra, descansó ese día de toda su obra..." (Génesis 2:2) Y bendijo Dios el día sétimo e o santificó; porque en él descansó de su obra que, como Creador, hiciera" (Génesis 2:2-3). En Éxodo 20:8, 9, 10 dice: "Recuerda el sábado, para santificarlo. Seis días trabajarás y harás toda tu obra. Pero el sétimo día es el sábado del Señor, tu Dios,..." "También les di mis sábados, para servir de seña entre mí y ellos, para que supiesen que yo soy el Señor que los santifica." (Ezequiel 20:12). "... E agregó: el sábado fue establecido por causa del hombre, y no e hombre por causa del sábado; de suerte que el Hijo del Hombre es Señor también del sábado." (Marcos 2:27-28). Así dijo el Señor: "Guardaos por amor a vuestra alma, no carguéis carga el sábado, ni las introduzcáis por las puertas de Jerusalén." (Jeremias 17:21). "El día del Señor me encontré en el espíritu". ¿Cuál es el día del Señor? ¿Existe alguna diferencia entre el "día del Señor" y el sábado Bíblico? (Apocalipsis 1:10).

Está claro en el Nuevo Testamento que los apóstoles adoraban a Jesucristo el sábado. "Al salir ellos, les rogaron que, al sábado siguiente, les dijesen estas mismas palabras. Al sábado siguiente, acudió casi toda la ciudad para oír la palabra de Dios." (Actos de los Apóstoles 13: 42-44).

En el Apocalipsis, el libro de la revelación de Jesús para toda la humanidad, Él dice sobre la perseverancia que debemos tener para con los mandamientos de la Ley de Dios, como prueba de fidelidad. "Aquí está a perseverancia dos santos, os que guardan os mandamientos de Dios y la fe en Jesús." (Apocalipsis 14:12).

En el Nuevo Testamento, está escrito: Jesucristo es el Mesías prometido y el Salvador del mundo. "No hay salvación en ningún otro." (Actos 4.12). Él es el ungido de Dios que vino para salvarnos. "Dios ungió a Jesús de Nazaret con el espíritu Santo y con poder, el cual anduvo por todas partes, haciendo el bien y curando a todos los oprimidos..." (Actos 10:38).

En las Sagradas Escrituras está escrito que el Señor Jesús hizo más milagros de cura el sábado que en cualquier otro día de la semana: "Enseñaba Jesús el sábado en una de las sinagogas. Y vino allí una mujer posesa de un espíritu de enfermedad, hacía ya dieciocho años, andaba ella encorvada, sin, de modo alguno poder enderezarse. Viéndola Jesús, la llamó y dijo: Mujer, estás libre de tu enfermedad; e imponiéndole las manos, ella inmediatamente se enderezó y daba gloria a Dios". (Lucas:10-13).

La santificación del sábado. "Así dijo el Señor: Guardaos por amor de vuestra alma, no carguéis cargas el sábado, ni las introduzcáis pelas portas de Jerusalén; no saquéis cargas de vuestra casa el sábado, ni hagáis obra alguna; antes santificad el sábado, como ordené a vuestros padres." (Jeremías 17:21-22).

Por lo tanto, es necesario y primordial obedecer los preceptos divinos expresados en la Ley de Dios para nuestra salvación.

Con todo, se sabe, a través de la Historia de la Humanidad, que el cambio del sétimo día de la semana – el sábado para el primer día de la semana – el domingo, ocurrió de forma gradual, durante un largo período de tiempo, por una serie de factores sociales y religiosos.

Está explícito en la Historia de la Civilización Mundial que la Iglesia Romana y el Emperador Romano, en aquella época, Constantino, se unieron. Constantino deseaba unificar su imperio que estaba dividido y la Iglesia Romana quería convertir los paganos. El domingo se tornó el día ideal para realizar ambas cosas.

Los paganos consagraban el domingo, porque era el día que eles adoraban el sol. El sol era el dios más importante para los paganos. Constantino influenció, en gran parte, la inclusión de los dogmas en la Iglesia Cristiana, basada en tradiciones. Una de las más conocidas fue llamado de Edipo de Constantino, que determinó oficialmente el domingo como día de reposo. Él adoraba el sol. El sol era su dios; él llamaba el domingo de Venerable día del Sol.

La adoración al sol era común en Babilonia, en Persia, en Egipto y en Roma.

El 321 d.C., el Emperador Constantino promulgó un decreto, cambiando el sábado que era el día que os cristianos adoraban a Dios, para domingo. El decreto ordenaba que los jueces y el pueblo de las ciudades, bien como los comerciantes, reposasen el Venerable día del Sol; que los establecimientos comerciales deberían ser cerrados los domingos. Por lo tanto, el sábado bíblico fue cambiado por la iglesia romana y por el estado romano.

Las enseñanzas babilónicas de adoración al sol fueron pasadas de una religión pagana a otra, y se infiltró en la Iglesia Cristiana, no por un mandamiento de Dios, sino por una tentativa de conciliación con el paganismo.

Como se sabe, Babilonia era la cuna del pecado, de las prácticas mundanas de prostitución, de adoración a ídolos. "(...) la gran Babilonia se tornó morada de demonios, cubil de toda especie de espíritus inmundos y escondrijo de todo género de ave inmunda y detestable, pues todas las naciones han bebido el vino del furor da su prostitución. Con ella se prostituyeron los reyes de la Terra". (Apocalipsis 18:2,3).

Vivimos ese caos de perversidad, de degradación moral. La inmoralidad tomó cuenta de los procedimientos correctos. Los padrones morales específicos para guiar la vida humana, dejó de existir. La Ley de Dios es la base de la moralidad, es el padrón para el juicio final. "Todo aquel que practica el pecado desobedece a Ley." (1 Juan 3:4).

Posteriormente el Emperador Constantino se convirtió al Cristianismo, transfirió la capital do Imperio para Bizancio y la llamó de Constantinopla. Hoy es la actual Estambul. Y mandó construir varias iglesias. Ese complejo sagrado, recibió el nombre de Nueva Jerusalén.

CAPÍTULO IV

LA LEY DE DIOS

Se sabe, según la Biblia Sagrada, en el evangelio de Juan, que la Ley de Deus es la base para el juzgamiento en el juicio final, que es el padrón moral, divino y eterno. "Todo aquél que practica el pecado desobedece la ley. De hecho, el pecado es la transgresión de la ley" (1 Juan: 3-4).

La Ley de Dios nos muestra sobre lo que es cierto y lo que es errado, sobre lo que debemos o no debemos hacer. Ella establece los verdaderos valores y, los principios universales para la sociedad. "Es mediante la ley que nos tornamos plenamente conscientes del pecado." (Romanos 3:20). En Mateo dice: "No piensen que vine a abolir la Ley o los Profetas; no vine a abolir, sino a cumplir." (Mateo 5:17).

La Biblia afirma que debemos obedecer los Mandamientos de Dios. "Si ustedes Me aman, obedecerán Mis mandamientos." (Juan 14:15).

La Ley de los Diez Mandamientos es la alianza que Dios hizo con el pueblo de Israel. "Esta es la alianza que haré con la comunidad de Israel después de aquellos días, declara el Señor. Pondré mis leyes en su mente y las escribiréis en su corazón. Seré su Dios, y ellos serán Mi pueblo" (Hebreos 8:10).

Es necesario resaltar, también, que la alianza de Dios con la humanidad, se configura, también, a través de los misterios del arco iris.

O arco iris simboliza señal de paz y alegría. La alianza de Dios con la humanidad: promesa de felicidad. Para enfatizar ese episodio, establecemos una analogía entre la simbología del arco iris y la Pedagogía: Cuando los profesores tienen el placer de enseñar y los alumnos, tienen el placer de aprender. Esa reciprocidad, se torna una alianza – profesor x alumno, como señal de paz, de alegría y de felicidad.

Para ilustrar la simbología del arco iris, es importante describir sus colores. Los siete colores del arco iris, en el cual se distinguen los colores a través del espectro solar, debido a la refracción de la luz del sol, en las gotas de agua de la lluvia, formando los colores. Por la orden natural de los colores: rojo, naranja, amarillo, verde, azul, azul añil y violeta. Los colores solo existen por causa de la luz, que les fornece los aditivos concernientes al fenómeno de los colores.

Se nota la manifestación de Dios en todo lo que existe en este inmenso universo de su creación, como el fenómeno del arco iris.

Es maravilloso y emocionante apreciar las bellezas que Su Majestad Dios creó, como el arco iris.

El poema que sigue, caracteriza las maravillas da creación:

MAJESTAD

> Cuán grande,
> Inmensurable...
> Eres tú, Señor!
> Tu grandeza
> Resplandece
> En el Sol que da vida,
> Energía, luz, calor.
> En el fulgor de tu brillo,
> Tu luz se enciende
> La luz de luciérnagas
> En noche sin luna.
> Tu soberanía,
> Se exalta
> En el cintilar de estrellas
> En pequeños asteroides
> En las colas luminosas de los cometas
> En los siete colores del arco iris.
> Tu magnánimo Amor
> Engloba todos los seres
> En este mundo sin límites.
> Con tu gran poder.
> Tu magnitud
> Transciende las profundidades
> De los océanos/mares
> Las lavas de los volcanes,
> Las tempestades,

Las calmarías
En el espacio sideral.
Tu grandilocuencia
Ultrapasa lo más alto
Cumbre del Universo en expansión...
Para sublimar
La grandiosidad de Tu saber.
Oh! Tú grandioso Señor
Sublima todo lo que existe
En los insondables confines
Con tu inmenso amor
En la harmonía de tu ser.

Dios, con su gran sabiduría, instituyó sus leyes para orientar la humanidad sobre cómo se debe proceder para con sus enseñanzas. Por lo tanto, es preciso seguir su doctrina con determinación, firmeza de pensamiento y de acción, esto es, colocar en práctica su doctrina.

É necesario aclarar un episodio sobre Jesucristo. Según las Escrituras Sagradas, Jesucristo era despreciado, y lo más indigno entre los hombres. En aquella época las personas andaban desgarradas como ovejas. Entonces el Señor Jesús hizo caer sobre él la iniquidad de todos. La Biblia dice que Jesucristo fue oprimido y humillado, pero no reclamó, no abrió la boca; como cordero fue llevado al matadero El andaba desfigurado y abatido. No tenia apariencia, ni hermosura. Ciertamente sabía lo que le iba a suceder: traición y muerte.

Posteriormente, su nombre fue engrandecido y glorificado. "Ahora no más como Hombre de dolores, (Isaías 53:3). Jesús aparece como poderoso vencedor". El Rey de Reyes en el esplendor de su gloria hizo sublimar en cánticos de triunfo y para mayor fulgor, aparece en el cielo el arco iris, que es el símbolo de Dios con la humanidad.

Queda subentendido, en la Biblia, ese episodio, esa pasaje maravilloso sobre el Príncipe de la Vida. – Jesucristo.

CAPÍTULO V

LA GRACIA DE DIOS

La Gracia consiste en la misericordia y perdón de Dios. Es su gran amor que nos concede la salvación. Es preciso que seamos obedientes, haciendo la voluntad de Él y no la nuestra. "Pues ustedes son salvos por la gracia por medio de la fe, y esto no viene de ustedes es don de Dios; no por obras, para que nadie se glorifique." (Efesios 2:8-9).

A bondad de Nuestro Señor, de perdonar nuestros pecados y conceder nuestra salvación, justifica su gran amor por nosotros, pecadores.

No importa la dimensión del problema. El poder de Dios é infinitamente mayor que todo lo que se pueda imaginar. Debemos confiar plenamente en él y en su dominio.

No te aflijas! Confía en Dios y lo demás Él hará. En su infinita sabiduría, misericordia y amor, Él nos proporciona transitar caminos ascendentes y promisores.

Con su inmensurable saber, creó los cielos, la Tierra y este inmenso universo. Dios es insondable en sus designios. Su gloria transciende lo que hay de más bello, edificante y magnífico. Él es maravilloso! Su grandiosidad es inexplicable – es mayor que todas las galaxias todos los sistemas planetarios e estelares, creados por Él en este infinito universo en expansión.

Su amor y su maravillosa e amorosa gracia, nos perdonan, nos renuevan y nos salvan. La salvación es concedida por la Gracia de Dios y no en las realizaciones humanas. "Dios es amor, y aquél que permanece en el amor, permanece en Dios y Dios en él." (Juan 16).

Por lo tanto, la Gracia de Dios es la base de la salvación y la fe en Jesús Cristo es el medio de tomar pose de la salvación a través de la obediencia a nuestro Señor Jesucristo.

El sacrificio que el Señor Jesucristo ofreció en la cruz del calvario fue el único medio de salvación de la humanidad. "Cristo murió por nuestros pecados, según las Escrituras." (1Co 15:3)

Las Escrituras nos revelan que Dios nos amó con amor eterno. Él estableció un plan mediante el cual su hijo Jesucristo dio la vida y murió en la cruz por nosotros pecadores.

El Señor Jesús, a fin de destruir el pecado, se humilló sufrió y fue obediente al Padre, hasta la muerte en la cruz.

Jesucristo, el Santo de los Santos, nació y resucitó en Jerusalén, según la Biblia. Jerusalén, su tierra natal, la chamada Ciudad Santa, infelizmente, hoy, vive en disputa entre palestinos e Israelíes e, o entre Israel e los países árabes. Por lo tanto, Jerusalén no es una ciudad de paz. ¡Quién sabe! Un día podrá ser...

CAPÍTULO VI

LIBERTAD. PALABRA MÁGICA

Dios nos concedió la libertad para escoger entre lo cierto y lo errado. Sin embargo, en estos tiempos necesarios de cambios en todos los aspectos de la vida, precisamos trillar el camino cierto en el curso de nuestra jornada, en la dimensión material, para que podamos merecer la dimensión espiritual de paz, de amor, de libertad. Libertad de ser, de percibir, de actuar de tomar decisiones, ante las enseñanzas adquiridas a través de estudios, de naturaleza literaria y de la Escritura Sagrada.

El deseo de libertad siempre hablará al corazón del hombre y hará con que rompa con todas las amarras que o impiden de llegar a Dios y de expresar el verdadero amor y la lealtad para con el Creador – el Señor del Universo.

No podemos vivir dentro de una prisión mental, hadados por la ceguera, sin ver la vida y el mundo en el ahora. Precisamos adquirir libertad con responsabilidad, para que podamos eliminar nuestra ignorancia básica, o sea, comprender los propósitos Divinos, las maravillas que Dios tiene para aquellos que Lo aman verdaderamente, en espíritu y en verdad.

El ser humano precisa dar el vuelo de la libertad, estar bien consigo mismo, con su semejante, con el mundo, buscando ganar las mayores alturas, como si pudiese alcanzar el cielo y llegar más cerca de Dios y encontrar su síntesis, su sentimiento más profundo en su libertad de ser, de optar, de tomar decisiones.

Abandonar viejos condicionamientos, tabús y preconceptos preestablecidos. Ver las personas con más amor; combatir las trampas del orgullo; vivir la vida con más equilibrio y serenidad, sin reclamaciones y conflictos y, ser más flexible, hasta con sus propias limitaciones – nadie é perfecto. Solamente Dios lo es.

La libertad nace del desapego a las cosas materiales. La verdadera libertad es aquella que contribuye para la paz, para el amor al prójimo y para la harmonía, que no oprime y ni humilla, pero, sí, hace florecer en los corazones las más bellas sinfonías.

Debemos hacer la voluntad de Él para que podamos merecer sus promesas. Dios es infinitamente bueno y misericordioso. Debemos ser fieis a Él, en todos los aspectos de la vida. Es necesario respetar los límites de la libertad cristiana, como está escrito en la Palabra de Dios "Todas las cosas son lícitas, pero ni todas convienen; todas son lícitas, pero ni todas edifican." (1 Corintios 10:23).

En la infinitud del amor de Nuestros Señor Jesucristo, centellas de su obra, manifiesta el poder sobrenatural del Gran Dios. Son desafíos para buscar el camino que nos llevará a la salvación. "Agrada al Señor, y Él satisfará los deseos de tu corazón. Entrega tu camino al Señor, confía en Él, y lo demás Él hará." (Salmo 37.vs. 4 e 5).

Dios es amor, transciende a todo y a todos, es inconmensurable, eterno; es totalidad y perfección.

En la Biblia está escrito que Jesucristo es el primogénito de toda creación, en Él fueron creadas todas las cosas. (...) "Él es antes de todas las cosas. En él, todo subsiste" (Colosenses 1:15-17). Y, aún dice: (...) "sin Él, nada de lo que fue hecho se hizo". (Juan 1:3).

La grandiosidad del poder sobrenatural del Espíritu de Dios, es locura para nosotros, en nuestra pequeñez de entendimiento espiritual, ante su inmensurable sabiduría que transciende nuestra comprensión.

Entendemos que, si la materialidad, el problema de la dinámica, de la transformación ocurre, es, tal vez, porque el presupuesto básico, la esencia de ese movimiento es substancialmente la manifestación del contenido en lo incontenido, o sea, a ejemplo, lo que posibilita un auto funcionar, no es su materialidad, pero la acción del combustible que lo acciona. En esta analogía, se puede inferir que, lo que impulsa el progreso de la humanidad es la esencia del hombre; su principio activo e indestructible, inmaterial – el espíritu.

Dios es espíritu y verdad. Es vida, luz, amor y perfección. Todo ve, todo sabe, todo puede. Es inmaterial, indestructible, inmensurable. "El espíritu es lo que vivifica; la carne para nada aprovecha; las palabras que Yo os he dicho son espíritu y son vida." (Juan 6.63).

Dios es ilimitado, es la superioridad absoluta del universo. Su luz brilla cada vez más, su esplendor enaltece su nombre y su gloria proclaman las multitudes en la tierra. "Su gloria cubre los cielos y la tierra se llena de su adoración. El resplandor es como la luz..." (Habacuc 3.3-4).

La gloria del Señor despierta el oprimido y lo liberta; transforma y restaura la vida de todos aquellos que Lo buscan verdaderamente. Para tanto, es preciso que el hombre tenga el entendimiento necesario y perciba que sin la mano de Dios nada podemos hacer.

Sentir la presencia del Gran Dios es alcanzar a plenitud do su amor, de su bondad y misericordia es dar el vuelo de la libertad espiritual – ¡es maravilloso!

CAPÍTULO VII

EL AMOR INFINITO DE DIOS

DIOS – Supremacía del Universo: Omnipotente, Omnipresente, Omnisciente, Bondad, Perfección.

El término DIOS es el significado más profundo y definitivo de todo lo que existe, en el más alto grado de entendimiento.

El Señor nos creó a su imagen y semejanza. Somos todos iguales ante Él. Por lo tanto, debemos amar nuestro semejante, como Él nos ama.

Dios nos dio inteligencia, raciocinio y libre arbitrio, para que podamos diferenciar lo cierto de lo errado, el bien del mal. Por eso, debemos ser cautelosos en todo que tengamos que decidir y realizar, siempre con auxilio de nuestro Dios Vivo y Verdadero – Jesucristo.

Precisamos aprovechar las oportunidades para hacer alguna cosa en beneficio de nuestro hermano. Aquello que hagamos al otro, también lo es para nosotros mismos – porque, lo que plantamos, vamos a cosechar. Debemos sembrar buenas semientes, para cosechar buenos frutos. "Todo aquel que es nacido de Dios no practica pecados, pues lo que permanece en él es la divina semiente..." (Juan 3.9).

Debemos ser contribuyentes de los bueno preceptos. Cultivar el amor fraternal para que nuestro mundo sea mejor. El amor, el perdón, la caridad para el prójimo, nos proporciona bienestar, harmonía, serenidad, calma.

Dios nos concedió la vida para vivir con dignidad, para ser responsables e cooperadores de las normas divinas.

Jamás será posible transformar el mundo fuera de la dimensión Divina. Es necesario amar la vida, amar su semejante y la naturaleza que es la misma manifestación de Dios.

El Señor es inmanente a cada ser, se manifiesta a través del amor, del perdón que se revela a través de su creación. Transciende a todo y a todos – es inmensurable, eterno, glorioso. Dios es amor – su amor se expresa en todo lo que Él creó.

Creemos que el amor es el más noble sentimiento humano – es la manifestación más sublime que emana, que fluye de la Energía Divina que está en nosotros. Dios es benignidad y perfección. "Celebrad las benignidades del Señor y sus actos gloriosos..." (Isaías 63:7).

Precisamos transformar nuestro interior, nuestro modo de ser, de proceder, de ver en el otro su verdadero valor como persona, como nuestro hermano. "Transformación es una puerta que sólo se abre por dentro" (Proverbio francés).

Por la razón y, por la reflexión, el hombre desvela a sí mismo y al mundo. Por el amor, el hombre puede construir el devenir de su plenitud, amparado en las enseñanzas de Dios explícitas en la Biblia, los cuales nos orientan y nos muestran como debemos proceder en todos los aspectos de nuestra vida. Con fe y perseverancia venceremos todos los infortunios, "porque todo lo que es nacido de Dios vence al mundo; y esta es la victoria que vence el mundo: nuestra fe". (Juan 5:4).

CAPÍTULO VIII

FINAL DE LOS TIEMPOS

Vivimos el final y la brevedad del tiempo.

En la palabra de Dios está escrito: "No hubiesen aquellos días sido abreviados, nadie seria salvo, pero, por causa de los escogidos, tales días serán abreviados." (Mateo 24:22).

Es notorio e innegable que ante lo que está ocurriendo en escala mundial; el final de los tiempos se aproxima: guerras, desastres ecológicos inundaciones arrasadoras, maremotos, terremotos, en varios lugares del mundo, entre otros fenómenos naturales.

El hombre está cada vez más insensible, quita la vida de su semejante, muchas veces, por el simple placer de matar. Infelizmente, casi todos los días están sucediendo esas atrocidades, mostradas a través de la televisión y en otros medios de divulgación. "En esos tiempos, muchos han de escandalizarse, traicionar y odiar unos a otros". (Mateo 24:10).

"Se levantarán muchos falsos profetas y engañarán a muchos." (Mateo 24:11).

Lo que está ocurriendo mundialmente de forma tan drástica, es el precio del materialismo, o sea, los valores espirituales cedieron lugar a los valores materiales. Los principios divinos, las enseñanzas Bíblicas fueron olvidados.

¡Es necesaria y urgente, una tomada de consciencia sobre esa realidad verídica! Es preciso que la humanidad despierte, que busque mudar su manera de proceder, de respetar su semejante y la vida como un todo en el planeta Tierra. ¿Quién sabe? ¡Amenice! Tantos problemas que están ocurriendo mundialmente.

Es necesario que, a través de la Educación sea hecha una amplia concientización para estudiantes, padres, profesores, administradores escolares, para la sociedad como un todo. Que sea posible revertir esa situación, posibilitando medios adecuados, de cómo debemos proceder de manera correcta, ante determinadas circunstancias que están sucediendo en el mundo.

CAPÍTULO IX

JESÚS ESTÁ VOLVIENDO

Creemos que, ante todos esos cambios, esas tribulaciones que están ocurriendo mundialmente, el Señor Jesús está volviendo para rescatar sus escogidos. "Luego en seguida a la tribulación de aquellos días, el sol oscurecerá, la luna no dará su claridad, las estrellas caerán del firmamento y los poderes de los cielos serán abalados. Entonces, aparecerá en el cielo la señal del Hijo del Hombre; todos los pueblos de la Tierra se lamentarán y verán el Hijo del Hombre viniendo sobre las nubes del cielo, con poder y mucha gloria." (Mateo 24: 29, 30).

"Y él enviará sus ángeles, con gran clamor de trompeta, los cuales reunirán sus escogidos de los cuatro vientos de una a otra extremidad de los cielos." (Mateo 24: 31).

Precisamos buscar una experiencia profunda y vivenciada sobre 1 Palabra de Dios. Tenemos un compromiso verdadero con Él y con sus enseñanzas. No debemos perder tiempo, es preciso sensibilidad y entendimiento sobre la salvación del alma que es lo más importante para el ser humano. Sin embargo, hemos de recorrer el camino que nos conduce a Dios.

"Cuán insondables son sus juicios e inescrutables sus caminos" (Romanos, 11:33).

Es el momento de regocijar y, dar gracias al autor de nuestra redención – Jesucristo. Seremos gratos a Él que nos orienta y nos muestra el camino correcto en el curso de nuestra vida.

Jesucristo, con su misericordia y amor, antes de ser trasladado para el reino de Dios, prometió a sus discípulos que no los dejaría huérfanos, que rogaría al Padre que enviase otro consolador. "Yo rogaré al Padre, y él os dará otro consolador, el Espíritu Santo, a quien el Padre enviará en mi nombre, ese os enseñará todas las cosas y os hará recordar todo lo que he dicho." (Juan 14:16,26).

La Biblia Sagrada nos dice que el Espíritu Santo es el espíritu de Dios, que por medio de Jesucristo, somos justificados y libertos del dominio del pecado. Guiados por el Espíritu Santo y, arrepintiéndonos de nuestras transgresiones, permanecemos en Él y nos tornamos participantes de la naturaleza Divina.

Para que podamos verdaderamente transformarnos en todos los sentidos de nuestra vida, esa transformación es posible solamente por el poder del Espíritu Santo. En la Biblia está escrito "Dios nos salvó mediante el Espíritu Santo, que él derramó sobre nosotros ricamente, por medio de Jesucristo, nuestro Salvador." (Tito 3:5,6).

El Señor Jesucristo, Rey del Cielo y de la Tierra, único invencible, grande y admirable Señor. Él es el Rey de reyes, como expresa el poema a seguir:

REY DE REYES

Oh! Rey de reyes
Que vino en nombre del Señor.
De gloria en gloria
Fuiste coronado.
Tu gracia rescata
La humanidad perdida,
Con tu amor y misericordia
Perdonaste los que te humillaron
Y Te crucificaron.
Las señales de los tiempos,
Prenuncian tu vuelta
Es llegada la hora del juicio final,
La voz de Dios proclama
Las multitudes oprimidas.
El Señor vendrá con
Poder e grande gloria!
La señal definitiva – el pregonar
Del Evangelio por todo el mundo
Confirma la consumación del siglo.

Jesucristo, en sus advertencias a sus discípulos, cuando iba a partir para el plan celestial, dijo: "He aquí, yo vengo pronto, y mi recompensa esta conmigo para recompensar a cada uno según sea su obra." (Apocalipsis 22:12). E dijo más: "Yo soy el Alfa y la Omega, el primero y el último, el principio y el fin." (Apocalipsis 22:13). E dijo aún: "Yo, Jesús, envié mi ángel para os atestiguar estas cosas a las iglesias. Yo soy la raíz y la generación de David, la brillante Estrella de la mañana." (Apocalipsis 22:16).

Realmente, el brillo incandescente de la luz de Jesucristo, ofusca la más brillante estrella del espacio sideral.

REFERENCIAS:

ARRUDA, José Jobson de A. História Antiga e Medieval. São Paulo.1977

BÍBLIA SAGRADA, Sociedade Bíblica do Brasil: São Paulo. 1993.

CHAIJ. Enrique. Ainda Existe Esperança. São Paulo. 2010.

FINLEY, Mark. Tempo de Esperança. São Paulo. 2009.

FINLEY, Mark A. Tempo de Esperança. Tatuí, São Paulo, 2009.

HINN, Benny. Bom Dia Espírito Santo. Rio de Janeiro: Thomas Nelson.

BRASIL, 2010.

33 anos de Alcance
Prêmio Jabuti

(51) 98535 3970
Rua Bororó, 5 - Bairro Assunção - Porto Alegre/RS - 91900-540
(51) 98537 0000 (51) 99103.3566 *TIM* (51) 98233 7038 (51) 99669 0908
rossyr@editoraalcance.com.br www.editoraalcance.com.br /EditAlcance

www.ingramcontent.com/pod-product-compliance
Lightning Source LLC
Chambersburg PA
CBHW032006220426
43664CB00005B/160